♈♉♊♋♌♍♎♏♐♑♒♓

MANIPULATION DURCH STERNZEICHEN

♈♉♊♋♌♍♎♏♐♑♒♓

Wie man Sie manipuliert und wie Sie sich davor schützen können

Alex Lakraft

Cover Design von Rebecca Treadway (atrtinkcovers.com). Interior Design von Alex Lakraft

Was den Autor motiviert…

Da der dramatische Missbrauch der vor einigen Jahren neuentdeckten astrologischen Kenntnissen immer weiter an Dynamik gewinnt, möchte ich die Menschen vor diesen üblen Gefahren der immer mehr um sich greifenden Manipulationen warnen und schützen.

Als Opfer manipulativer Praktiken, die eine (damals noch) sehr gute Freundin von mir gegen mich und andere regelmäßig eingesetzt hat, habe ich viele leidvolle Erfahrungen damit gesammelt. So gelang es meiner Freundin dadurch stets, das Beste für sich selbst herauszuholen und andere regelrecht zu übervorteilen. Zum Glück habe ich ihr dunkles Geheimnis aber herausgefunden und veröffentlicht, damit die Menschen sich anhand dieses Wissens verteidigen können. Denn ich kann mich ganz gut an meine Ahnungs- und Hilfslosigkeit damals erinnern. Diese Praktiken sind ein schmerzhafter Angriff gegen die Psyche des Menschen!

Auf Facebook:
https://www.facebook.com/
ManipulationThroughZodiacSigns

Auf Twitter:
https://twitter.com/AlexLakraft

E-Mail:
contactlakraft@gmail.com

Alex Lakraft

Inhalt

Vorwort

Liebe Leserin, lieber Leser,

Manipulation nach Sternzeichen – klingt das nicht ein wenig übertrieben? Kann es wirklich gelingen, einen anderen Menschen mittels seines Sternzeichens bewusst zu manipulieren? Auch ich wollte das nicht glauben, als ich per Zufall Zeuge davon wurde, wie sehr uns unsere Sternzeichen anfällig machen für unbewusste Einflüsse durch Personen anderer Sternzeichen – oder sogar bewusste Manipulation. Darauf aufmerksam wurde ich, als ich beobachten konnte, wie es einer Freundin von mir immer wieder gelang, sich im Kontakt mit anderen Menschen plötzlich Vorteile und Begünstigungen zugänglich zu machen, die den Interessen des jeweils anderen eigentlich entgegenstanden. Scheinbar beiläufig gelang es ihr stets, das Beste für sich selbst herauszuholen und andere regelrecht zu übervorteilen. Das war umso bemerkenswerter, denn lange Zeit war sie in ihrem Leben keineswegs erfolgreich. Die Karriere lag brach und auch ihre Beziehungen scheiterten. Von einem Tag auf den anderen jedoch änderte sich ihr Leben vollständig. Sie feierte berufliche Erfolge und konnte sich vor Verehrern nicht mehr retten. Diese Wendung machte mich neugierig und zugleich beobachtete ich ihr Verhalten auch mit Misstrauen und einer gewissen Missbilligung. Die Manipulation anderer Menschen ist durch nichts zu rechtfertigen.

Aus diesem Grund hoffe ich, dass auch Sie, liebe Leserinnen und Leser, die in diesem Buch enthaltenen Informationen, die zweifellos Ihr Leben genauso verändern werden wie das meiner Freundin, nicht zur gewissenlosen Manipulation anderer missbrauchen. Es soll Sie lediglich in den Zustand versetzen, sich vor dem Einfluss und der Manipulation aufgrund Ihres Sternzeichens zu schützen.

Doch zurück zu meiner Freundin: Durch hartnäckiges Nachforschen fand ich heraus, dass sie in den Besitz astrologischer Kenntnisse gelangt war, die es ihr ermöglichten, jeden Menschen seinem Sternzeichen entsprechend zu beeinflussen und für ihre Interessen einzusetzen. Sie können sich vorstellen, wie sehr mich diese Erkenntnis schockierte. Wenn es meiner Freundin gelang, solche Manipulationen durchzuführen, ohne dass es von anderen, die sie weniger gut kannten als ich, bemerkt wurde – wie oft war ich dann schon Opfer einer Manipulation auf diesem Wege geworden? Ich begann, mich intensiv mit der Materie zu beschäftigen und stieß auf ebenso einfache wie verblüffende Zusammenhänge, die ich Ihnen nicht vorenthalten will.

Das Buch zeigt Wege auf, wie Menschen in Bezug auf ihre Sternzeichen einander manipulieren, und wie man sich davor schützen kann. Dabei geht es um die Kenntnisse, die zwar ganz einfach sind, aber auf die nicht alle Astrologen selbstverständlich kommen, weil diese simplen Kenntnisse sich nur indirekt aus den astrologischen Büchern herauslesen lassen. Auf die kommt man beim Nachdenken einfach ganz nebenbei. Genau diesen Kenntnissen habe ich das Buch gewidmet, um Menschen vor manipulativen Gefahren zu warnen und zu schützen.

Kapitel I dreht sich um die wechselseitigen Beeinflussungen von Personen gleicher und unterschiedlicher Sternzeichen. Dabei spielt es eine entscheidende Rolle, in welcher Position im Tierkreis sich das jeweilige Sternzeichen zu Ihrem eigenen befindet – etwa direkt benachbart, gegenüber oder an einer anderen Stelle.

Kapitel II geht detailliert auf die manipulativen Fähigkeiten der einzelnen Sternzeichen ein, etwa, über welche Kräfte eine Person im Sternzeichen Widder verfügt und warum.

Kapitel III widmet sich dem wohl heikelsten Bereich: Den Informationen darüber, wie man einen anderen Menschen aufgrund seines Sternzeichens manipuliert.

I. Die wechselseitige Beeinflussung der Sternzeichen

Die Beobachtung der Gestirne unseres Sonnensystems ist vermutlich so alt wie die Menschheit selbst. Die Wiege der modernen Astrologie liegt im alten Babylonien, also vor mehr als 2500 Jahren. Seither wurde das Wissen um den Einfluss der Sternzeichen auf Persönlichkeit und Schicksal von anderen Kulturen ständig erweitert und weitergegeben. Die großen Astronomen des Mittelalters wie etwa Johannes Kepler waren zugleich auch begeisterte Astrologen. In den vergangenen Jahren haben verschiedene wissenschaftliche Studien belegt, dass Astrologie keineswegs eine esoterische Erfindung ist, sondern vielmehr ein überliefertes Wissen naturwissenschaftlichen Ursprungs. Dabei ist es wichtig zu wissen, dass nicht nur Datum und Uhrzeit unserer Geburt unseren Charakter und unseren Lebenslauf beeinflussen, sondern dass wir unser Leben lang auf sehr unterschiedliche Weise unter der Wirkung der Gestirne unseres Sonnensystems stehen. Denn jedem Sternzeichen wird ein über ihm herrschendes Gestirn zugeordnet, so etwa herrscht der Mars im Widder, der Jupiter herrscht über den Schützen, etc. Neben den 12 Tierkreiszeichen gibt es die 12 Häuser, die mit den Sternzeichen im Jahreslauf korrespondieren.

Das sechste Haus etwa steht unter dem Einfluss des Sternzeichens Jungfrau. Hier geht es um Ordnung, Organisationstalent, Dienstbereitschaft und wissenschaftliche Begabung. Zugleich stehen die 12 Häuser auch für die einzelnen Lebensabschnitte, durch die wir uns bewegen, in denen wir uns aufgrund unserer Erfahrungen verändern und reifen. Bislang nur unzureichend beachtet wurden die wechselseitigen Einflüsse, die Menschen verschiedener oder gleicher Sternzeichen aufeinander haben. Bei der Partnersuche wird schon lange darauf eingegangen, dass sich bestimmte Sternzeichen aufgrund ihrer Eigenschaft nur bedingt für eine gemeinsame Partnerschaft einigen, während andere ganz hervorragend zusammenpassen. Der vielseitige Zwilling und der ehrgeizige Steinbock etwa geben nur selten ein gutes Paar ab, es sei denn, sie finden einen Weg, sich zu ergänzen. Bestimmte Sternzeichen ziehen sich regelrecht an, andere wiederum stoßen sich ab. In diesem Buch geht es erstmals darum, aufzuzeigen, dass unsere Sternzeichen nicht nur bei der Partnerwahl eine entscheidende Rolle spielen, sondern dass ihr Einfluss uns tagtäglich begleitet, wenn wir mit anderen interagieren. Da sind etwa Freunde, Verwandte und Kollegen aber auch zufällige Begegnungen wie ein Arztbesuch oder ein Einkauf. Die Macht der Gestirne unseres Sonnensystems ist immer präsent, auch wenn wir sie nicht bewusst wahrnehmen können. Werden wir uns ihrer aber bewusst, so versetzt uns das in die Lage, zum einen zu erkennen, in wieweit die Sternzeichen unsere vermeintlichen freien Entscheidungen beeinflussen, zum anderen erkennen wir, wenn jemand versucht, uns auf diese Weise zu manipulieren. Sie werden erstaunt sein, wie einfach dieses Wissen zu verstehen und im Alltag anzuwenden ist. Vermutlich werden Sie sich, so wie ich, fragen, warum Sie nicht selbst darauf gekommen sind, doch ich kann Ihnen aufgrund der Erfahrungen meiner Freundin versichern, dass dieses Wissen bereits existiert und angewandt wird. Nur eine bewusste Auseinandersetzung kann verhindern, dass dies zu Ihrem Schaden ist.

Die geheimen Manipulationsarten

Als Grundregel gibt es für jeden Angehörigen eines der 12 Sternzeichen jeweils 12 verschiedene Manipulationsarten. Jede Art hängt von dem individuellen Verhältnis zwischen den Personen ab. Die Rolle des Manipulators und der zu manipulierenden Person kann dabei wechseln, denn diese Manipulationen geschehen meistens ganz unbewusst.
Jedes Zeichen beeinflusst uns unterschwellig auf seine eigene Art und Weise, nicht immer in manipulativer Absicht, doch es verändert unsere Wahrnehmung und unsere Gemütslage. Falls deutlich klare Absichten seitens eines jeweiligen

Sternzeichens vorliegen, auf Sie Einfluss auszuüben, dann sind sie eben immer vom manipulativen Charakter, die sich gemäß so einem jeweiligen Sternzeichen Ihrem Sternzeichen gegenüber auch ausdrücken. Natürlich müssen Sie nicht immer auf misstrauische Weise alle Menschen um Sie herum böser Absichten verdächtigen. Manipulationen gehören aber zu unserem Alltag, und deshalb ist es äußerst zu empfehlen, auf eine vernünftige und maßvolle Art immer auf der Hut zu bleiben. Die besondere Gefahr der sternzeichenbezogenen Manipulationen liegt an der Tatsache, dass alle Menschen bereits eingebaute instinktive Mechanismen besitzen, die es ihnen ermöglichen, den Charaktertyp eines anderen Menschen völlig unbewusst herauszufinden, und darauf folgend eine bestimmte manipulative Einstellung und Verhaltensweise zu diesem Menschen zu prägen. Das heißt, dass unsere tendenzielle Reaktionsweise auf alle Sternzeichen bereits in uns instinktiv vorprogrammiert ist. Deshalb ist es schon allgemein bekannt geworden, wie die Tendenzen eines Kontakts zwischen Personen bestimmter Sternzeichen sich entwickeln. Nicht jeder Einfluss durch ein anderes Tierkreiszeichen ist negativ oder manipulativer Natur – im Gegenteil können wir uns durch die bewusste Wahrnehmung der Einflüsse anderer Sternzeichen auf uns weiterentwickeln und wichtige Impulse erhalten. Je nachdem, in welcher Lebensphase wir uns befinden und woran wir gerade innerlich arbeiten, kann uns die Begegnung

Die wechselseitige Beeinflussung der Sternzeichen

mit Menschen eines bestimmten Tierkreiszeichens zu mehr Verständnis und innerer Reife verhelfen sowie uns konkret bei der Bewältigung von Problemen helfen. Die Begegnung mit einem Menschen des gleichen Tierkreiszeichens etwa lässt uns unsere eigenen Stärken besser erkennen, sodass wir uns erfolgreicher selbst behaupten und durchsetzen können.

Die 12 Sternzeichen sind den 12 Zeitabschnitten zugeordnet, in denen sich die Sonne bewegt. So durchwandert die Sonne die drei Zeichen im Frühling: Widder, Stier und Zwillinge. Im Sommer geht sie in die drei nächsten Zeichen über: Krebs, Löwe und Jungfrau. Danach folgen Waage, Skorpion und Schütze im Herbst. Im Winter schließt sich der Zyklus mit den drei letzten Zeichen: Steinbock, Wassermann und Fische. Jedem Sternzeichen wurde ein Symbol zugewiesen.

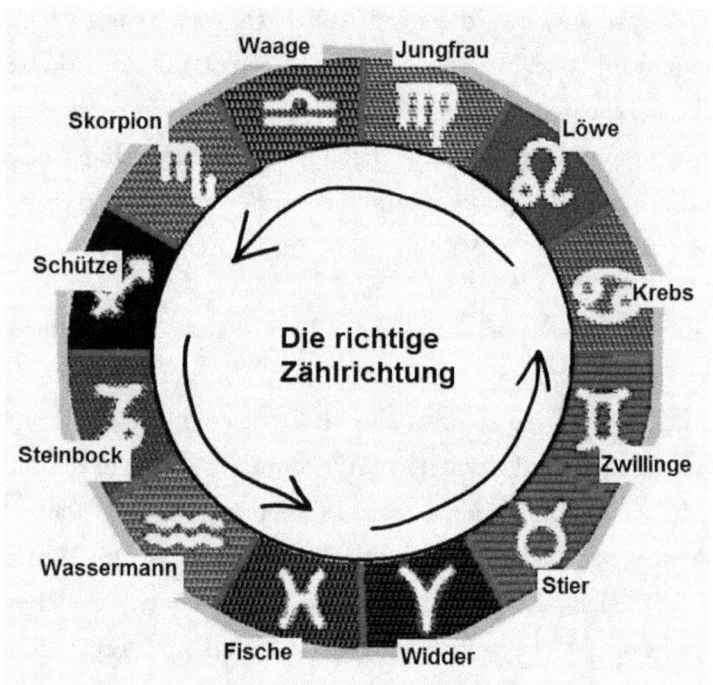

Die 12 Sternzeichen im Tierkreis

Auf der Abbildung ist deutlich zu sehen, dass jedes Sternzeichen nicht nur zwei Nachbarn, sondern auch ein direktes Gegenüber hat. Diese Positionen sind entscheidend bei der gegenseitigen Beeinflussung und Manipulation.

Die wechselseitige Beeinflussung der Sternzeichen

Die Zeitabschnitte der Sonne in den 12 Tierkreiszeichen:

Zeichen	Zeitabschnitt	Zeichen	Zeitabschnitt
Widder	21. März – 20. April	**Waage**	23. September – 22. Oktober
Stier	21. April – 21. Mai	**Skorpion**	23. Oktober – 22. November
Zwillinge	22. Mai – 21. Juni	**Schütze**	23. November – 20. Dezember
Krebs	22. Juni – 22. Juli	**Steinbock**	21. Dezember – 19. Januar
Löwe	23. Juli – 22. August	**Wasser-mann**	20.Januar – 18. Februar
Jungfrau	23. August – 22. September	**Fische**	19. Februar – 20. März

Die 12 Sternzeichen sind den 4 Elementen zugeordnet:

Feuer	Widder	Löwe	Schütze
Erde	Stier	Jungfrau	Steinbock
Luft	Zwillinge	Waage	Wassermann
Wasser	Krebs	Skorpion	Fische

1. Thema „Selbstwahrnehmung": Sie und Personen des gleichen Sternzeichens

Dabei geht es um eine der folgenden Verbindungen:

Sie	Ihr Gegenüber
Widder	Widder
Stier	Stier
Zwillinge	Zwillinge
Krebs	Krebs
Löwe	Löwe
Jungfrau	Jungfrau
Waage	Waage
Skorpion	Skorpion
Schütze	Schütze
Steinbock	Steinbock
Wassermann	Wassermann
Fische	Fische

Die wechselseitige Beeinflussung der Sternzeichen

Zuerst geht es um die Wechselwirkung mit und mögliche Manipulation durch eine Person des gleichen Sternzeichens. In Menschen unseres eigenen Zeichens erkennen wir uns oft wieder. Wir halten deren Handlungen und Wertvorstellungen für nachvollziehbar und haben gleiche Ziele und Vorlieben. Das klingt zunächst, als könnten wir von einer Person des gleichen Zeichens weder besonders viel lernen, noch durch sie manipuliert werden, doch das ist nicht richtig. Die Begegnung mit einer Person des gleichen Zeichens kann uns helfen, unsere eigenen Stärken besser zu erkennen und einzusetzen. Wir erleben durch sie, wie wir uns in der Welt behaupten können und auf uns selbst zu vertrauen.

Eine Person des gleichen Sternzeichens ist unser Spiegel, und somit versetzt sie uns in die Lage, uns selbst zu entdecken. Ein Träger des Sternzeichens stimuliert Sie, anhand seines eigenen Benehmens, über Ihre eigene Persönlichkeit nachzudenken. So entdecken Sie Ihre mentalen Gewohnheiten und Charakterzüge, die Ihnen helfen im Leben weiterzukommen, und zugleich offenbaren sich Ihnen auch die Merkmale und Eigenschaften der Psyche, die sie davon zurückhalten, Ihr Potenzial vollständig auszuschöpfen. Das sind die positiven Einflüsse, die wir durch Personen des gleichen Zeichens erfahren. Wenn Sie sich also in einer Phase des Selbstzweifels und der Zukunftsangst befinden, so kann die positive und bewusste

Begegnung mit einer Person des gleichen Zeichens Ihnen helfen, diese Probleme zu lösen und Ihr Ich zu stärken.

Im besten Fall geht es bei einer solchen Zusammenarbeit, Freundschaft oder Partnerschaft also um einen fairen ausgeglichenen Kontakt ohne deutlich ausgeprägte Überlegenheit an einer der beiden Seiten.

Die potenziell destruktive Seite derartiger Verbindungen liegt darin, dass unser Wille erheblich stimuliert wird, umso öfter und mehr wir uns im Kontakt mit Menschen unseres ersten Zeichens befinden. Obwohl solche Stimuli, die unserem Selbstbewusstsein einen stärkenden Beitrag leisten, in der Regel gut und erwünscht sind, kann so ein transformativer Trend allmählich krankhaft werden und über alle Grenzen hinausgehen, indem es im Endeffekt auf einen starrköpfigen Eigenwillen und knallharten Egoismus hinausläuft. Es ist zu betonen, dass die Entwicklungen dem jeweiligen Sternzeichen dementsprechend verlaufen werden. Das heißt, dass sowohl die positiven als auch die negativen Seiten eines vorhandenen Sternzeichens sich in diesem Fall intensivieren. Im andauernden Kontakt mit unserem Spiegelzeichen erschaffen wir für einander eine kleine, leichtfertige und auf unsere Interessen abgestimmte Welt, die schon ziemlich einseitig sein kann, und bewegt sich immer in denselben Bahnen. Man kann sich gut vorstellen, was für Ausmaße diese Prozesse annehmen können, in welche sich diese Menschen einander hinein motivieren und -manipulieren können.

Die Vertrautheit des Handelns von Personen des gleichen Zeichens hat auch ihre Tücken, wenn wir betrachten, auf welche Weise sie uns manipulieren kann.

Manipulationen, die von einer Person Ihres ersten Zeichens, wie wir das gleiche Zeichen nennen, ausgehen, können besonders schwer als solche erkannt werden, weil uns alles im Zusammenhang mit dieser Person als vertraut und richtig erscheint. So wie wir uns selbst nicht misstrauen, misstrauen wir auch Menschen mit dem gleichen Tierkreiszeichen nicht. Der Interaktion mit diesen Personen haftet die Magie der Selbstverständlichkeit an – man versteht sich beinahe wortlos. Doch genau darin liegt die Gefahr. In diesen Begegnungen sind wir nur allzu gerne bereit, alle Vorsicht fahren zu lassen und auf unsere Impulse zu hören. Ein Gegenüber, der uns manipulieren will, wird genau das für sich ausnutzen.

Damit Sie sich vor Manipulationen im Kontakt mit Ihrem eigenen Zeichen schützen können, müssen Sie lernen, Ihren Willen zu kontrollieren. Willensdisziplin und Selbstkontrolle machen den wichtigsten Grundsatz aus, nach dem Sie den Umgang mit den Personen Ihres ersten Zeichens ausrichten müssen. Wir müssen diese Verlockung vermeiden, auf unbedarfte und einfache Weise mit uns selbst beschäftigt zu sein und unsere Interessen und Bedürfnisse besonders rücksichtslos durchzusetzen. Eine sehr egozentrische Lebenshaltung kann die Folge sein, da die eigene Haltung nicht mehr durch alternative Lebenseinstellungen in Frage gestellt wird, sondern nur noch durch die Person des gleichen Zeichens bestätigt wird. Sollten Sie sich plötzlich so fühlen, als hätten Sie keine Chance mehr, einer negativen Selbstentfaltung Einhalt zu gebieten, bauen Sie eine gewisse Distanz zu dieser Person auf, um dieser Entwicklung den Wind aus den Segeln zu nehmen. Warum entstehen diese Prozesse? Der Grund dafür liegt darin, dass zwei derselben Zeichen miteinander in Resonanz kommen. Die Energiestruktur, die diesem Zeichen zugrunde liegt, verdichtet sich und alle Eigenschaften des betroffenen Zeichens treten deshalb verstärkt hervor. Ein verstärkter Wunsch der beiden Personen desselben Sternzeichens, der sich in den Worten „einfach sich selbst sein" ausdrücken lässt, kann in der Tat bis zu einem gewissen Grad Sinn ergeben, doch weiter abrupt in eine Falle von ignoranter Selbstzufriedenheit führen. Keiner wird Sie so gut verstehen, wie eine Person desselben Zeichens, da man bei dieser Verbindung einander ziemlich leicht durchschaut, und alle gegenseitigen Marotten, Gewohnheiten und Unfähigkeiten sind den beiden sehr vertraut. Vorsicht! So eine Person bringt Sie oft dazu, das zu sehen, was Sie sehen wollen.

Dieser Umstand ebnet den Weg zu einer Manipulation. Der Träger unseres Zeichens wird von uns in demselben Maße übrigens ebenfalls manipulierbar und vielleicht haben Sie das auch schon getan, ohne sich über die Mechanismen im Klaren zu sein.

Manchmal entwickeln sich die Beziehungen zwischen Menschen desgleichen Zeichens in der Art eines Wettbewerbs, der auf alle Lebensbereiche zutreffen kann, sowohl bei Geschäften, Liebesbeziehungen als auch bei freundschaftlichen Verhältnissen. In diesem Fall sollten Sie sich fragen, ob Sie wirklich dazu Lust haben, in einen immer gleichen Trott zu geraten. Ob bewusst oder unbewusst können Sie sich zu Rivalitäts- und Konkurrenzspielen gezwungen fühlen. Ein Ratschlag wäre hier angebracht: Lassen Sie sich auf diese provokativen Spielchen nicht ein, den es geht nicht darum sein Spiegelzeichen zu übertreffen, sondern darum, Ihren Alltag optimal zu meistern, bestimmte Aufgaben effektiv zu lösen und an Ihren Zielen ordentlich zu arbeiten. Bewahren Sie einen kühlen Kopf, und lassen Sie sich nicht von jenen Menschen provozieren, die Ihnen eine Ego-basierte Rivalität aufdrängen wollen. Messen Sie sich lieber an den Menschen aus Ihrem Umfeld, statt an Ihrem Spiegelzeichen.

2. Thema „materielle Werte": Sie und Personen Ihres zweiten Zeichens

Dabei geht es um eine der folgenden Verbindungen:

Sie	Ihr Gegenüber
Widder	Stier
Stier	Zwillinge
Zwillinge	Krebs
Krebs	Löwe
Löwe	Jungfrau
Jungfrau	Waage
Waage	Skorpion
Skorpion	Schütze
Schütze	Steinbock
Steinbock	Wassermann
Wassermann	Fische
Fische	Widder

Die wechselseitige Beeinflussung der Sternzeichen

Nachdem wir uns die Wechselwirkungen von Personen des gleichen Zeichens angesehen haben, betrachten wir nun die gegenseitige Beeinflussung und mögliche Manipulation von Ihnen und des Sternzeichens, das im Tierkreis direkt neben Ihrem liegt. Die manipulative Macht des sogenannten zweiten Zeichens Ihnen gegenüber ist in der Regel als nicht sonderlich stark einzuschätzen. Es ist eher umgekehrt: Sie haben eine deutliche manipulative Überlegenheit über Ihr zweites Zeichen, weil Sie in dieser Verbindung die Rolle des 12ten Zeichens spielen. Um Ihr Vertrauen zu gewinnen, wird eine Person Ihres zweiten Zeichens Sie mit verschiedenen Geschenken, Vergünstigungen und Geld umwerben. So eine Person versucht es oft, Sie auch in sexuelle Hinsicht zu verführen. Um Sie regelrecht einzulullen, wird das zweite Zeichen daran arbeiten, bei Ihnen das Sicherheits- und Geborgenheitsgefühl materiellen Überflusses zu erwecken. Sehen Sie sich also vor, dass Sie bei der ganzen Bequemlichkeit und Versorgung, die Ihnen eine Person des zweiten Zeichens bereiten könnte, Ihre Wachsamkeit nicht verlieren. Außerdem neigt es dazu, viele Gedanken und Aussagen, die Sie äußern, sich zu merken, denn die angesammelten Informationen über Sie können später für manipulative Zwecke effektiv eingesetzt werden. Nicht selten handelt das zweite Zeichen so, als wollte es Sie von allem vermeintlichen Gefährlichen abgrenzen und gewinnt dadurch immer mehr Einfluss über Sie. Lassen Sie so einer Person nicht zu, sich zwischen Ihnen und Ihrem Umfeld zu stellen, und weisen Sie sie rechtzeitig in die Schranken. Geben Sie die Kontrolle über Ihr Leben nicht ab! Die wichtigsten Zügel müssen Sie immer in Ihrer Hand haben. Die größten Entscheidungen, die maßgeblich Ihr Leben bestimmen, müssen Sie selbst treffen, und kein anderer!

Ansonsten können die Menschen Ihres zweiten Zeichens sich für Sie als sehr nützlich erweisen. Von ihnen können Sie sehr viel bekommen, nicht nur im materiellen Bereich. Von Natur aus kann eine Person des zweiten Zeichens Ihre Qualitäten und Talente sehr gut erkennen und hilft Ihnen sie zu fördern. Es kann Ihnen auch materielle Unterstützung leisten.

Der Kontakt mit Ihrem zweiten Zeichen stimuliert Sie über materielle und geistige Werte nachzudenken. Wie kann man alles das, was man besitzt, sich am besten voll zu Nutze machen? Wie verwalten Sie Ihren Besitzt so, dass er Ihr Leben und das Ihrer Angehörigen am effektivsten verbessert? Sind Sie mit Ihrem Einkommen zufrieden, und wie können Sie es beeinflussen? Auf welche Weise legen Sie Ihre Ersparnisse an, wenn überhaupt? Welche Talente, Eigenschaften und Fähigkeiten, über die Sie verfügen, sind Ihnen bereits bewusst, und was gibt es noch bei Ihnen zu entdecken? Und der wichtigste Denkanreiz, den ein Kontakt mit Ihrem zweiten Zeichen bei Ihnen hervorruft, lautet: Was ist für Sie kostbar? Was schätzen Sie am meisten, und was ist Ihnen eher unwichtig? Optimieren Sie die Balance zwischen materiellen und spirituellen Werten nach Ihrem eigenen Belieben. Lassen Sie sich dabei nichts einreden, denn Ihr Leben mit allen damit verbundenen Entscheidungen gehört nur Ihnen und keinem sonst.

3. Thema „Kommunikation": Sie und Personen Ihres dritten Zeichens

Dabei geht es um eine der folgenden Verbindungen:

Sie	Ihr Gegenüber
Widder	Zwillinge
Stier	Krebs
Zwillinge	Löwe
Krebs	Jungfrau
Löwe	Waage
Jungfrau	Skorpion
Waage	Schütze
Skorpion	Steinbock
Schütze	Wassermann
Steinbock	Fische
Wassermann	Widder
Fische	Stier

Die wechselseitige Beeinflussung der Sternzeichen

Wir bewegen uns weiter im Kreis der Sternzeichen und wenden uns nun dem dritten Zeichen zu. Kommunikation ist alles im Leben. Wir stehen, bewusst oder unbewusst, in ständigem Austausch, sowohl verbal als auch nonverbal, mit unseren Mitmenschen. Durch Kommunikation gestalten wir unser Umfeld: Arbeitsplatz, Freundschaften und Partnerschaften. Menschen des dritten Zeichens haben eine große manipulative Wirkung auf uns. Sie können uns durch unser persönliches Umfeld beeinflussen, in dem sie die Kommunikation kontrollieren. Es ist wichtig zu wissen, dass es keine neutrale Kommunikation gibt. Sie ist stets von Meinungen gefärbt, von individuellen Erfahrungen, vom kulturellen und sozialen Kontext und sogar von Ideologien. Es gibt wahre Meister der Kommunikation, denen es gelingt, durch subtile Mittel in Sprache, Gestik und anderer Kommunikation die Meinungen der Menschen um sie herum bewusst zu manipulieren.

Kommunikation ist die Ebene, auf der wir uns mit den Menschen des dritten Zeichens auseinandersetzen und allzu oft sind sie uns darin überlegen. Manchmal schaffen sie es sogar, unser Umfeld bis zu einem gewissen Grad umzugestalten, in dem sie uns die Wahrheit über die Haltungen und Meinungen der Menschen um uns herum aufzeigen. Das kann sehr positiv für uns sein, weil wir so erkennen können, wer wirklich gut für uns ist und wer nicht. Wir können besser entscheiden, mit wessen Ansichten wir übereinstimmen und erkennen, ob sich jemand uns gegenüber aufrichtig verhält oder uns durch Meinungsmache, zum Beispiel durch Gerüchte, manipuliert. Doch der Einfluss des dritten Zeichens geht sogar noch weiter:

Menschen des dritten Zeichens regen Sie dazu an, ausgetretene Pfade des Denkens zu verlassen und sich für neue Interessensgebiete zu begeistern. Sie werden intellektuell herausgefordert und wachsen über sich hinaus. Ihr drittes Zeichen wird Ihnen außerdem beibringen, wie Sie Ihre Intelligenz effektiv entfalten und nutzbar machen, um sie zum Wohle der Allgemeinheit richtig einsetzen zu können. Ob absichtlich oder nicht, geben diese Menschen Ihnen gewisse Anstöße ein, die Ihnen helfen, Ihr eigenes analytisches und logisches Denken auf ein neues Niveau zu bringen. Diese Menschen liefern Ihnen zahlreiche Gelegenheiten jeder Art, die Ihnen ermöglichen, etwas Neues zu lernen und generell aktuelle Informationen zu erfahren, damit Sie sich auf dem Laufenden halten können. Die Kenntnisse, die sie Ihnen übermitteln, sind meistens nicht nur auf Ihre Interessengebiete ausgerichtet, sondern auch auf die Ihres Umfelds, was sich für Sie als recht hilfreich und praktisch erweist, da es einen vielseitigen Beitrag zu Ihrer Allgemeinbildung leistet. Und das Wichtigste, was das dritte Zeichen Ihnen beibringen kann, ist die Fähigkeiten, sich an die ständig verändernden Umstände in Ihrem

Die wechselseitige Beeinflussung der Sternzeichen

Umfeld flexibel und schnell anzupassen. Im Kontakt mit den Menschen unseres dritten Zeichens bewegen wir uns nicht immer wieder in denselben Gleisen, sowie es im Kontakt mit unserem ersten Zeichen so oft der Fall ist. Seien Sie außerdem gewarnt, dass diese Leute Ihre Worte und Aussagen sehr geschickt zu ihrem eigenen Vorteil verdrehen können. Und wieder können Sie eine Scheibe von ihnen abscheiden, da Sie anhand der Vorgehensweise Ihres dritten Zeichens sicher lernen, wie Sie alle auch komplizierten Situationen in Ihrem Umfeld zu Ihrem Vorteil umwandeln können. Solche Freundschaften haben das Potenzial, ein geschwisterliches Niveau zu erreichen. So eine Partnerschaft ist ebenfalls sehr gut für Geschäfte. Freunde und Arbeitskollegen Ihres dritten Zeichens sind nicht selten in anderen Städten oder gar im Ausland ansässig. Allmählich neigen sie dazu, ein gutes Maß an Neugier und Respekt Ihnen gegenüber zu entwickeln. Es ist übrigens zu empfehlen, dass Sie Kontakte mit Menschen Ihres dritten Zeichens gut pflegen, denn kaum ein anderes Zeichen Ihnen so Vieles zu Ihrer mentalen Stärke beitragen kann. Mit kaum einem anderen Zeichen lässt es sich einen grenzenlosen informativen Austausch so zügig betreiben.

Das dritte Zeichen hält also viel Positives für Sie bereit. Wie aber sieht es im Bereich Manipulation aus? Im Zusammenhang mit dem Thema Kommunikation ist es wichtig, sich stets vor Augen zu halten, dass es hier so gut wie keine unbewusste Beeinflussung gibt. Kommunikation findet immer bewusst statt und ist deshalb ein probates Mittel der Manipulation. Eine der Möglichkeiten ist, uns dazu zu bringen, von unseren Überzeugungen und Weltanschauungen abzuweichen. Auf einmal finden wir Argumente, die wir früher immer abgelehnt haben, überzeugend und wechseln unsere Ansichten.

Wie aber gelingt es einer Person des dritten Tierkreiszeichens nach unserem eigenen, uns zu manipulieren? Freundschaften werden oft erfolgreich ausgebaut, und das dritte Zeichen sucht Sie in der Regel für gemeinsame Unternehmungen, Zeitvertrieb und Ausflüge zu gewinnen. Es isoliert sie von anderen Kontakten und gibt Ihnen das Gefühl, Ihren bisherigen Freunden intellektuell überlegen zu sein, so dass Sie nicht mehr zugänglich sind für deren Ansichten. Ein Mensch des dritten Zeichens kann Sie durch geschickt platzierte Bemerkungen über andere Menschen, über Ihr Aussehen, über Ihre Lebensgestaltung dazu bringen, alles in Frage zu stellen, was Sie über sich selbst zu wissen glauben. Diese Manipulation kann dazu führen, dass Sie sich zu Dingen verleiten lassen, die Sie eigentlich nicht möchten. Der Einfluss geht sogar noch weiter: Das dritte Zeichen kann Sie regelrecht dazu verführen, schädlichen Meinungen und Ideologien nachzulaufen, die den Charakter einer Sekte annehmen können. Der beste Schutz vor einer solchen Manipulation ist, sich nicht isolieren zu lassen. Bleiben Sie offen für die Kommunikation und die Ansichten anderer und vertrauen Sie auf das, was alte Freunde und enge Angehörige Ihnen rückmelden, wenn Sie beginnen, Ihre Ansichten und Ihre Lebensführung unter dem Einfluss eines Menschen des dritten Zeichens zu verändern.

4. Thema „Tradition": Sie und Personen Ihres vierten Zeichens

Dabei geht es um eine der folgenden Verbindungen:

Sie	Ihr Gegenüber
Widder	Krebs
Stier	Löwe
Zwillinge	Jungfrau
Krebs	Waage
Löwe	Skorpion
Jungfrau	Schütze
Waage	Steinbock
Skorpion	Wassermann
Schütze	Fische
Steinbock	Widder
Wassermann	Stier
Fische	Zwillinge

Die wechselseitige Beeinflussung der Sternzeichen

In diesem Abschnitt beschäftigen wir uns mit dem Einfluss und der möglichen Manipulation durch eine Person des vierten Zeichens. Das vierte Zeichen begegnet uns auf der Ebene der Traditionen und Werte, die durch unsere Erziehung in unserem Unterbewusstsein verankert sind. An Traditionen halten wir fest, weil sie uns Sicherheit vermitteln, wir stellen sie nicht mehr aktiv in Frage und sich von ihnen zu lösen ist ein schwieriger Prozess. Sie sind uns, da wir sie als Kinder erfahren haben, in Fleisch und Blut übergegangen und wir streben meistens sogar danach, sie an unsere eigenen Kinder weiterzugeben. Es ist also ein emotionaler und kein intellektueller Bereich, auf dem wir uns mit dem vierten Zeichen auseinandersetzen.

Wir erkennen Menschen des vierten Zeichens oft daran, dass sie uns gerne Ratschläge erteilen, die sich in der Tatsache nicht selten als nützlich erweisen. Ab und zu sind solche Ratschläge aber auch vom manipulativen Charakter. Das vierte Zeichen wird versuchen auf Sie Einfluss auszuüben, indem es Ihnen zum Beispiel Unterstützungen und Hilfen allerlei Art anbietet. Es scheut auch keine Mühen, ein harmonisches und friedliches Verhältnis Ihnen gegenüber aufrechtzuerhalten. In Gesprächen mit Ihnen versuchen diese Menschen, Ihnen ein Gefühl von Stabilität und Konformität zu vermitteln, was auf Sie wie eine beruhigende Droge auswirken kann. Auf diese Weise wird an Ihr Gewissen, Moral und Traditionen appelliert. Im Kontakt mit

Ihrem vierten Zeichen können Sie ständig einen Anflug von Spießigkeit verspüren.

Das vierte Zeichen mag es oft gern, Sie auf Ihre Vergangenheit anzusprechen, und das ermöglicht ihm, vieles über Sie in Erfahrung zu bringen. Durch intuitive Eingebungen können diese Leute Ihre Informationen auf Wahrheit hin prüfen. Auf der mentalen Ebene regen Kontakte mit Menschen Ihres vierten Zeichens Sie dazu an, darüber nachzudenken, wie viel Wert Sie auf Stabilität und Sicherheit in Ihrem Leben legen. Die Frage steht, ob Sie sich auf Ungewissheit leicht einlassen können, oder Klarheit in allem für Sie eine große Bedeutung hat, ob Sie sich mit einem entwurzelten Leben gerne abfinden wollen, oder Vertrautheit und ein genauer Überblick Ihnen besser liegt. Trotz aller nutzbringenden Einflüsse, besteht die Gefahr, dass Ihr viertes Zeichen eine einengende Wirkung auf Sie ausübt, die Sie davon zurückhält, ab und zu einen nötigen Wandel durchzumachen. So kann auch eine überflüssige Bevormundung und Überversorgung über Sie verhängt werden, was Ihr Entfaltungspotenzial spürbar einschränken könnte. In großen Problemlagen, wie etwa dem Tod eines Angehörigen oder einer Scheidung kann der Kontakt zu einer Person des vierten Zeichens uns Sicherheit vermitteln und eine Art moralischer Kompass sein, damit wir nicht aus der Bahn geraten. Als Geschäftspartner eignen sich Menschen des vierten Zeichens ganz wunderbar, denn wir teilen mit ihnen den gleichen Wertediskurs.

Die große Gefahr der Begegnung mit einem vierten Zeichen ist, dass wir durch ihn die tradierten Werte nicht mehr in Frage stellen und uns so innerem Wachstum und äußerem Fortschritt verweigern. Traditionen sind wichtig, doch Wandel ist es ebenso. Das vierte Zeichen manipuliert uns, in dem es an unsere gefühlte Identität appelliert, unseren Wunsch nach Zugehörigkeit und Heimat und uns Angst davor macht, ausgestoßen und kritisiert zu werden. Zu einem glücklichen Leben gehört es, die Werte der Eltern auch in Frage stellen und ablehnen zu können, wenn wir eigene entwickeln. Um sich vor einer Manipulation durch das vierte Zeichen zu schützen, ist es wichtig, sich nicht einlullen zu lassen von dem, was uns vertraut und deshalb richtig erscheint und offen zu bleiben für Veränderungen.

5. Thema „kreativer Selbstausdruck": Sie und Personen Ihres fünften Zeichens

Dabei geht es um eine der folgenden Verbindungen:

Sie	Ihr Gegenüber
Widder	Löwe
Stier	Jungfrau
Zwillinge	Waage
Krebs	Skorpion
Löwe	Schütze
Jungfrau	Steinbock
Waage	Wassermann
Skorpion	Fische
Schütze	Widder
Steinbock	Stier
Wassermann	Zwillinge
Fische	Krebs

Die wechselseitige Beeinflussung der Sternzeichen

Kommen wir nun zum fünften Zeichen von Ihrem Sternzeichen aus gesehen. Menschen Ihres fünften Zeichens zeichnen sich dadurch aus, dass Sie Ihnen im Kontext von Genuss, von Feiern, Partys, Hobbys und gleichen Interessen begegnen. Ihre Wirkung auf Sie ist eine fast berauschende. Sie regen Ihre Kreativität an, beflügeln Ihre Fantasie und lassen Sie neue Projekte in Angriff nehmen. In Gegenwart des fünften Zeichens lernen Sie neue Leute kennen und haben das Gefühl, regelrecht vor neuen Ideen überzusprudeln. Das Leben verwandelt sich in eine Party und Genuss gewinnt einen wichtigen Stellenwert. Wir bekommen den dringenden Wunsch, uns selbst auszudrücken und mit anderen in Kontakt zu treten. Die Lust, Neues auszuprobieren und sich auf Abenteuer einzulassen, ist groß.

Wir fühlen uns in der Gegenwart von Menschen des fünften Zeichens oft auf eine neue und unbekannte Art wohl und lebendig. Das Positive an diesem Einfluss lässt sich leicht ausmachen: Wir werden inspiriert, gewinnen neue Eindrücke und finden Wege, uns selbst auszudrücken.

Menschen Ihres fünften Zeichens sorgen bei Ihnen für Unterhaltung und Späße, die durchaus auch manipulative Züge annehmen können. Das fünfte Zeichen hält Sie in guter Laune und mit ihm wird es nur selten langweilig. Lustig und spielwillig lassen diese Menschen Ihr inneres Kind rauskommen. Die stellen Ihnen oft aufgepeppte Auftritte zur Schau. Ihnen wird Lebenslust präsentiert und Optimismus vorgelebt. Kontakte mit diesen Leuten bringen Ihnen mit der Zeit die Kunst, sich effektiv und genau ausdrücken zu können. Sie haben das Gefühl, ein anderes, ein besseres Ich käme durch das fünfte Zeichen zum Vorschein.

Ihr fünftes Zeichen kann Sie auf viele neue Ideen bringen, und es begeistert Sie, sich an neue Anfänge und Projekte ranzumachen.

Doch das Rauschhafte dieser Begegnung ist mit Vorsicht zu genießen. Menschen des fünften Zeichens verhalten sich oft flatterhaft und unaufrichtig. Sie sind bereit, die guten Zeiten mit uns zu teilen, nicht jedoch die schlechten. Sobald die Party vorbei ist, lassen sie uns fallen und ziehen weiter. Oft bleiben wir dann mit einem emotionalen Kater zurück.

Das Problem Ihres fünften Zeichens kann auch darin liegen, dass diese Leute sich zu oft verstellen und sich aufspielen. Selten sind sie das, was sie auf den ersten Blick scheinen. Das heißt, dass sie Ihnen gerne ein ganzes Theater vortäuschen wollen, indem sie sich nicht so zeigen, wie sie eigentlich sind. Personen des fünften Zeichens manipulieren uns, in dem sie uns regelrecht abhängig von ihrer Gegenwart machen. Wir bekommen den Eindruck, dass wir sie brauchen, um uns lebendig und kreativ zu fühlen. Das kann bis zu einer emotionalen Abhängigkeit und sogar Missbrauch führen. Denn neben der glitzernden Welt der Kunst und Partys kennt das fünfte Zeichen auch die Aspekte der Unberechenbarkeit und der emotionalen Grausamkeit. Menschen des fünften Zeichens brauchen Sie als ihr Gegenüber, um ihre eigene Scheinwelt glaubhafter zu machen. In dieser Beziehung ist Ihre Bewunderung der Nektar, von dem sie leben. Die Begegnung mit Ihrem fünften Zeichen kann Sie beflügeln und anspornen. Wenn Sie dringend nach neuen Impulsen und einem radikalen Wandel in Ihrem Leben suchen, dann sind Sie bei diesen Personen richtig. Die große Gefahr liegt darin, sich selbst zu verlieren und tatsächlich ohne es zu bemerken, eine Charakterwandlung zu durchlaufen. Lassen Sie sich nicht blenden und bleiben Sie sich selbst treu, das ist wohl der wichtigste Rat, den man Ihnen in diesem Zusammenhang geben kann.

6. Thema „Unterwerfung": Sie und Personen Ihres sechsten Zeichens

Dabei geht es um eine der folgenden Verbindungen:

Sie	Ihr Gegenüber
Widder	Jungfrau
Stier	Waage
Zwillinge	Skorpion
Krebs	Schütze
Löwe	Steinbock
Jungfrau	Wassermann
Waage	Fische
Skorpion	Widder
Schütze	Stier
Steinbock	Zwillinge
Wassermann	Krebs
Fische	Löwe

Die wechselseitige Beeinflussung der Sternzeichen

Wir begegnen nun Ihrem sechsten Tierkreiszeichen. Im Kontakt mit unserem sechsten Zeichen geht es um die Themen „Dienst", „Gewohnheit", „Kompromisse" und „Alltag". Hier gibt es weniger Sorgen für Sie: In diesem Fall ist das manipulative Potenzial, das von Ihnen ausgeht, viel stärker als umgekehrt. Das heißt, dass Ihr sechstes Zeichen sich von Ihnen relativ leicht unterwerfen und einschüchtern lässt. Selbst wenn Sie nichts dafür können und bemühen sich liebevoll darum, diese Menschen nur mit Samthandschuhen anzufassen, passiert es oft so, dass Sie trotzdem eine zerstörerische Wirkung auf sie ausüben. Diese Menschen tendieren dazu, fast jeden Konflikt und Auseinandersetzung gegen Sie zu verlieren. Die Möglichkeiten einer Manipulation seitens Ihres sechsten Zeichens liegen an dessen Beharrlichkeit, auf Sie einen permanenten Einfluss auszuüben. Diese Menschen fühlen sich nämlich von Ihnen stark angezogen, und sind bereit, Ihnen allerlei Gefälligkeiten und Dienstleistungen zu erweisen. Den Umgang mit den Menschen Ihres 6ten Zeichens sollten Sie besonders rücksichtsvoll gestalten, da sie auf Grund einer unterschiedlichen Charakterstruktur leicht Angst vor Ihnen bekommen können. Rücksicht und Hilfsbereitschaft sind wichtige Lektionen, die Sie von Ihrem sechsten Zeichen lernen können. Dabei geht es vor allem darum, sich in seinem Alltag zu arrangieren. Was hier in der Regel geschätzt wird, sind konkrete und genaue Kenntnisse, Fertigkeiten und klare Denkweisen, die sich in der Praxis wirksam anwenden lassen. Zahlreiche Kontakte mit Menschen Ihres sechsten Zeichens führen dazu, dass durch deren Einflüsse sich die Prinzipien und Schemata verändern, nach denen Sie Ihr Alltagsleben regeln und organisieren. So eignen Sie sich neue Gewohnheiten an, überdenken Ihren Umgang mit der Gesundheit, nehmen andere Einstellung zur Arbeit an, korrigieren Ihre Wahrnehmung der unmittelbaren Umwelt, bringen Ihren Lebensstil in Ordnung, indem Sie auf einem durchdachten Weg die Grenzen Ihrer Möglichkeiten auffassen, damit Sie sich keine Aufgaben aufbürden, die Ihre Kräfte übersteigen. Gewohnheiten geben uns Sicherheit und helfen uns, unseren Alltag zu organisieren. Sie machen das Leben verlässlich und planbar.

Auch wenn das manipulative Potenzial in dieser Verbindung gering ist, so ist es doch existent. Es besteht die Gefahr, im Alltagstrott steckenzubleiben, sich in der Bewältigung banaler Dinge und Sorgen aufzureiben und den Blick für das große Ganze zu verlieren. Hochgesteckte Lebensziele und Träume können so in Vergessenheit geraten. Die Begegnung mit dem sechsten Zeichen hat etwas Beschauliches und Gemütliches, doch genau diese Bequemlichkeit kann zur Gefahr werden. Dabei wird diese nicht nur unbewusst von Ihrem Gegenüber eingesetzt, sondern durchaus mit der Absicht, Sie zu binden, sei es in einer Freundschaft, einer Beziehung oder einem Arbeitsverhältnis.

Die wechselseitige Beeinflussung der Sternzeichen

Eine weitere Möglichkeit der Manipulation ist, beständig an Ihre Verantwortung zu appellieren. So werden Sie gezwungen, sich für das Wohlergehen eines anderen verantwortlich zu fühlen und faule Kompromisse einzugehen, die Sie auf Dauer unglücklich machen. Prinzipiell eignen sich die Beziehungen zu Menschen des sechsten Zeichens für besonders lange und stabile Beziehungen und gemeinsame Problembewältigung, allerdings kann aus dieser Gewohnheit sich sehr schnell auch Langeweile einstellen.

7. Thema „Partnerschaft": Sie und Personen Ihres gegensätzlichen Zeichens

Dabei geht es um eine der folgenden Verbindungen:

Sie	Ihr Gegenüber
Widder	Waage
Stier	Skorpion
Zwillinge	Schütze
Krebs	Steinbock
Löwe	Wassermann
Jungfrau	Fische
Waage	Widder
Skorpion	Stier
Schütze	Zwillinge
Steinbock	Krebs
Wassermann	Löwe
Fische	Jungfrau

Die wechselseitige Beeinflussung der Sternzeichen

Den Menschen unseres siebten Zeichens müssen wir besondere Aufmerksamkeit widmen, denn es handelt sich dabei um das Zeichen, das dem unserem im Tierzeichenkreis direkt gegenüberliegt. Menschen Ihres siebten Zeichens sind Ihr direkter Gegensatz, da das siebte Sternzeichen Ihrem Sternzeichen im Tierkreis gegenüberliegt. Das manipulative Vermögen steht bei beiden Partnern dieser Verbindung ungefähr im gleichen Verhältnis zueinander. Da diese Zeichen in vielen Eigenschaften und Charakterzügen sich gegenseitig ganz wunderbar ergänzen, können sie sehr vieles voneinander lernen. Wenn Sie für einander ein gewisses Maß an Verständnis und Anpassungsfähigkeit aufbringen, kann so ein Bündnis sehr spannend und interessant sein. Sollte diese Voraussetzung aber nicht erfüllt werden, könnte es zu einer Spannung oder gar Feindschaft in der Beziehung führen. In der Tat kann sich so eine wechselseitig stimulierende Rivalität Sie psychisch und emotional angreifen, was Sie im Endeffekt in eine manipulative Falle hineinführen würde. Das manipulative Arsenal Ihres siebten Zeichens ist recht mannigfaltig. So bringen diese Menschen ganz gerne viel Charme, Komplimente und Diplomatie bei Ihnen zum Einsatz, um ihre Ziele zu erreichen.

Der Tierkreis. Die gegensätzlichen Sternzeichen sind durch die grauen Linien mit einander verbunden.

Ihre Kollegen des siebten Zeichens werden es Ihnen deutlich und effektiv vermitteln, wie Sie Ihre Gedanken, Absichten und Pläne so konstruieren, dass sie einen signifikanten Einfluss auf andere gewinnen. Die Chancen stehen hoch, dass Sie mehrmals verschiedene Konflikte und Auseinandersetzungen mit diesen Leuten austragen müssen, denn die Umstände fügen sich oft so, dass genau diese

Die wechselseitige Beeinflussung der Sternzeichen

Menschen zu Ihren unmittelbaren Feinden im Laufe Ihres Lebens werden. Häufig geht es bei diesen Leuten entweder um Partner oder um Feinde. Das bedeutet, dass Sie sich häufig und intensiv mit den Persönlichkeiten des siebten Zeichens befassen. Und Ihre Aufmerksamkeit darauf hat auch ihre Gründe: Erstens müssen Sie die Persönlichkeit Ihres Gegenübers erforschen und ergründen, um mit deren Missgunst und Aggressivität zurechtkommen zu können. Zweitens sind Sie auf ihre Hilfe und Fähigkeiten oft angewiesen. Der Grund für dermaßen direkte Manipulationen zwischen den sich gegenüberliegenden Zeichen liegt darin, dass es sich dabei bei jeder der 6 Achsen im Tierkreis um gegensätzliche Extremen bzw. Polaritäten geht. So etwa trifft der wilde und konfliktlustige Widder auf die kultivierte und harmonische Waage. Weiter konfrontiert der familienbezogene und sensible Krebs den karriereorientierten und kalten Steinbock. Diese Beispiele zeigen gut auf, dass das manipulative Potenzial des 7ten Zeichens aufgrund seiner gegensätzlichen Natur gar nicht ohne ist.

Das siebte Zeichen erteilt uns eine Lektion zum Thema „Anziehung", „Begehren" und „Attraktivität". Es fällt uns schwer, Menschen des siebten Zeichens zu ignorieren, als Konkurrenten hassen oder beneiden wir sie, als Freunde oder Partner empfinden wir ihnen gegenüber eine große Anziehung. Häufig spielen sexuelle Lust und eine gewisse

Erotik eine Rolle in der Beziehung zu diesen Menschen. Ganz gleich, in welche Richtung eine solche Begegnung schlägt, sie stellt immer eine Herausforderung für Sie und Ihr Selbstbild dar. Sie werden beginnen, sich zu fragen „Bin ich gut genug?" oder „Bin ich begehrenswert?", denn das siebte Zeichen stellt dies in Frage. Selbstzweifel und sogar das Gefühl von Ohnmacht können die Folge sein. Ablehnung und Abwechslung können sich im Kontakt mit den Menschen des siebten Zeichens ständig abwechseln und Sie in Verwirrung stürzen. Häufig sind dies jedoch nur Übergangsphasen eines wichtigen Prozesses, in den die Menschen des siebten Zeichens Sie bringen können.

Im Alltag kann so eine Herausforderung Sie zu neuem Ehrgeiz anspornen und Ihnen wichtige Impulse geben, wie Sie sich in der Welt besser zurechtfinden und das bekommen, was Sie sich wünschen, sei es materiell, beruflich, in Partnerschaften oder spirituell. Das siebte Zeichen symbolisiert die universale Kraft der Anziehung, die ständig wirkt und Wünsche im wahrsten Sinne des Wortes wahr werden lassen kann. Durch Personen im siebten Zeichen lernen Sie, die Dinge anzuziehen, die Sie sich wünschen und wie ein Magnet für positive Ereignisse zu wirken.

Sie beginnen, Ihren eigenen Marktwert auszutesten und zu verbessern, was Ihre Lebenssituation in vielen Bereichen zum Positiven wandeln wird. Doch auch im privaten Bereich können Sie sich weiterentwickeln. Selbstliebe und Selbstakzeptanz sind die wichtigsten Grundvoraussetzungen, um eine erfüllte Partnerschaft einzugehen. Das siebte Zeichen lehrt Sie, sich selbst anzunehmen und liebevoll zu betrachten. Diese positive Haltung zu sich selbst wirkt auf andere wiederum besonders anziehend.

Doch die Begegnung mit dem siebten Zeichen birgt auch Gefahren. So kann der Prozess vom Selbstzweifel zur Selbstliebe misslingen und Sie bleiben mit einem verletzten Selbstbewusstsein zurück. Besonders, wenn die Begegnung mit dem siebten Zeichen zu einer Konkurrenz- oder gar Feindschaftssituation gerät, kann dies sehr belastend sein. Das siebte Zeichen kann Sie manipulieren, in dem es eines der intensivsten Bedürfnisse anspricht, die der Mensch kennt: Den Wunsch, um seiner selbst willen geliebt und angenommen zu werden. Personen, die in dieser Beziehung zu Ihnen stehen, werden mit diesem Wunsch spielen und Sie so dazu bringen, nach ihrer Pfeife zu tanzen. Ein typischer Satz ist: „Ich mag dich, wie du bist, aber…" gefolgt von einer Vielzahl vermeintlich gut gemeinter Ratschläge. Andererseits kann, wenn uns eine positive Beziehungsgestaltung gelingt, die Beziehung zu einem Menschen des siebten Zeichens von tiefer gegenseitiger Liebe und Vertrauen geprägt sein. Das hängt davon ab, wie sehr beide Partner bereit sind, sich für diese Beziehung einzusetzen.

8. Thema „Krisen und Macht": Sie und Personen Ihres achten Zeichens

Dabei geht es um eine der folgenden Verbindungen:

Sie	Ihr Gegenüber
Widder	Skorpion
Stier	Schütze
Zwillinge	Steinbock
Krebs	Wassermann
Löwe	Fische
Jungfrau	Widder
Waage	Stier
Skorpion	Zwillinge
Schütze	Krebs
Steinbock	Löwe
Wassermann	Jungfrau
Fische	Waage

Die wechselseitige Beeinflussung der Sternzeichen

Seien Sie immer auf der Hut, wenn Sie im Kontakt mit Ihrem achten Zeichen stehen, denn es besonders viel Einfluss auf Sie hat. Dramatische Krisenzustände, Schicksalsschläge und intensive Erfahrungen machen das Bündnis für Sie aus. Ihr achtes Zeichen hat die größte manipulative Kraft über Sie. Die mächtige Aura die so eine Person auf Ihr Zeichen ausstrahlt können Sie nicht selten sofort spüren. Kontakte mit diesen Menschen erweisen sich daher oft als besonders schwierig. Jede Art von Beziehung mit Ihrem achten Zeichen, ob privat, freundlich oder geschäftlich, ist gefährlich, weil Sie dadurch viel Stress und Verlust als Endergebnis erleiden können. Selbst wenn Personen Ihres achten Zeichens es gut mit Ihnen meinen, können sie Ihnen unabsichtlich Schaden fügen, und sollten sie es mit Absicht tun, dann schaffen sie es erst recht! Zwar können Sie nicht selten die spannendsten Momente Ihres Lebens zusammen mit den Menschen Ihres achten Zeichens genießen, doch gibt es hier natürlich auch die Kehrseite der Medaille, und dabei geht es um die dunkelsten und schrecklichsten Momente und Krisen, die so ein Bündnis mit sich bringt.

Im Kontakt mit dem achten Zeichen geht es um einschneidende Erfahrungen im Leben, um große Gewinne und Verluste, plötzliche Genesung und tödliche Krankheit, um materiellen Aufstieg und Fall. Diese Erfahrungen sind ein wesentlicher Bestandteil unseres Lebens und prägen uns wie nur wenige andere Ereignisse. Sie stellen alles in Frage, was wir über das Leben und über uns selbst zu wissen glauben. Jede Krise ist zugleich als eine Herausforderung an uns zu verstehen, unsere Überzeugungen und Handlungsweisen zu überprüfen und im Zweifel anzupassen. Das Thema Tod kann hier auch als ein innerer Tod überkommener Persönlichkeitsanteile verstanden werden. Genau mit diesen Anteilen konfrontiert uns das achte Zeichen. Häufig fühlen wir uns von diesen Menschen regelrecht angezogen, obwohl wir bereits ahnen, dass das Risiko verletzt zu werden, sehr groß ist. Denn mit diesen Menschen ist es nie langweilig, doch eine andauernde Partnerschaft kann sehr anstrengend sein. Deshalb entsteht so ein Paradox: Wenn man zusammen ist - fühlt man sich eingeengt, wenn man getrennt ist – langweilt man sich. In dieser Union sammeln Sie sehr intensive Erfahrungen, die sowohl für hinreißende Begeisterung und Inspiration als auch für dramatische Enttäuschungen und Hass sorgen. Mit der Zeit führt so ein ruheloses Bündnis in eine Sackgasse, sodass Ihr achtes Zeichen das Interesse an Ihnen verliert.

Die Lektion, die wir von Menschen des achten Zeichens lernen können, ist, wie man richtig scheitert. Krisen treffen alle Menschen, entscheidend ist, wie man mit ihnen umgeht. Das achte Zeichen lehrt uns auf schmerzhafte Weise, wo unsere Schwächen und Stärken liegen. Menschen Ihres achten Zeichens haben die Fähigkeit Ihre Schwächen relativ schnell zu erkennen, was ihnen auch viel Einfluss und Macht über Sie verleihen kann.

Bei Auseinandersetzungen und Konfrontationen mit Ihrem achten Zeichen gehen Sie ein sehr großes Risiko ein, und die Chancen für einen für Sie günstigen Ausgang sind äußerst gering.

Geschäfte mit diesen Partnern verlaufen wie auf einer Achterbahn, sodass Sie mit ihnen viel gewinnen sowohl aber auch viel verlieren können. Kontakte mit Ihrem achten Zeichen üben auf Sie kontrastreiche und abwechselnde Wirkungen aus. So können sie je nach den Umständen transformierenden, regenerativen und zerstörerischen Charakter annehmen.

Es ist kaum möglich, einem Menschen des achten Zeichens zu begegnen, ohne in irgendeiner Art und Weise durch ihn beeinflusst oder gar manipuliert zu werden. Die beste Möglichkeit, damit umzugehen, ist sich dieses Umstandes bewusst zu sein. Angst ist die falsche Reaktion, betrachten Sie die Begegnung vielmehr als die Möglichkeit etwas über die schwersten und letzten Dinge im Leben und sich selbst zu lernen. Es gehört Mut dazu, sich den eigenen Schwächen zu stellen. Menschen des achten Zeichens legen zielsicher den Finger in unsere Wunden und fordern uns so auf, uns weiterzuentwickeln.

9. Thema „Sinnstiftung": Sie und Personen Ihres neunten Zeichens

Dabei geht es um eine der folgenden Verbindungen:

Sie	Ihr Gegenüber
Widder	Schütze
Stier	Steinbock
Zwillinge	Wassermann
Krebs	Fische
Löwe	Widder
Jungfrau	Stier
Waage	Zwillinge
Skorpion	Krebs
Schütze	Löwe
Steinbock	Jungfrau
Wassermann	Waage
Fische	Skorpion

Die wechselseitige Beeinflussung der Sternzeichen

Wir bewegen uns weiter im Tierzeichenkreis. Nach den düsteren Herausforderungen in der Begegnung mit Menschen des achten Zeichens treffen wir nun im neunten Zeichen auf Menschen, zu denen wir Beziehungen voller Leichtigkeit und Harmonie aufbauen.

Im Kontakt mit Ihrem neunten Zeichen stoßen Sie meistens auf keine großen manipulativen Erfahrungen, da Sie mit diesen Menschen in der Regel gut auskommen, im Gegenteil: Die intensiven Gespräche mit diesen Menschen beflügeln Sie regelrecht. Sie setzen sich mit den philosophischen Fragen von Glaube, Religion und Lebenssinn auseinander und richten Ihr Leben danach aus. So können Sie das abstrakte Denken in Zusammenhängen trainieren und weitere positive Einflüsse auf Ihr Bewusstsein erleben. Die Beschäftigung mit diesen Lebensbereichen ist entscheidend für ein glückliches und vollständiges Leben im ganzheitlichen Sinne. Das neunte Zeichen gibt Ihrem Geist und Ihrer Seele die Nahrung, nach der Sie verlangen und die im Alltag nur allzu gerne vernachlässigt wird. Wir treten mit unserer Umwelt nun vor allem in geistigen Kontakt, materielle Werte spielen in der Beziehung zum neunten Zeichen eine geringe bis gar keine Rolle.

Manipulative Einflüsse des Zeichens zeigen sich, indem diese Menschen versuchen, Sie zu missionieren und durch Predigten ihre Weltanschauungen und Ansichten aufzuzwingen. In diesen Partnerschaften können Sie manchmal zu allerlei Reisen oder sogar zu Umzügen verleitet werden. Sehr vorteilhaft für Sie ist die Tendenz Ihres neunten Zeichens Ihren Horizont zu erweitern, Ihnen neue Kenntnisse beizubringen und geistiges Wachstum zu fördern. So eine Person kann Ihnen viel Nutzen bei Geschäften bringen, indem sie Sie berät und lehrt. Generell ist so ein Bündnis recht harmonisch für alle Verbindungsformen, sei es Geschäftsbeziehungen, Ehe, Freundschaft etc.

Ihr neuntes Zeichen hilft Ihnen vor allem bei der Sinnfindung im Leben. Ob diese ganzen Philosophien und Wissenserweiterungen, mit denen diese Menschen Sie versehen, Sie in eine erwünschte Richtung führen, sollten Sie mit Ihrem kritischen Verstand regelmäßig überprüfen. Denn negative Aspekte bei diesen Kontakten liegen darin, dass Sie falsche Ideologien und verzerrte Wahrnehmung übernehmen können und Scharlatanen auf den Leim gehen. Ihr Charakter wird auf eine harte Probe gestellt, denn der Kontakt mit neuen Philosophien und Erkenntnissen birgt stets die Gefahr, hochmütig oder fanatisch zu werden. Ihr neuntes Zeichen tendiert dazu, mit Ihnen in abstrakten Konzepten zu kommunizieren, die Sie verwirren können. Im Gegensatz zu ihm spricht Ihr drittes Zeichen mit Ihnen meistens in konkreten und klaren Begriffen. Manchmal kann von Ihrem neunten Zeichen expansive Neigungen ausgehen, die darin bestehen, dass diese Menschen gezielt versuchen mehr Macht und Einfluss über Sie zu gewinnen.

Kontakte mit diesen Menschen helfen Ihnen, eine große Breite an Gedanken über die Ereignisse und Erfahrungen, die Sie erleben, zu gewinnen. Was Sie sich hierbei zu Eigen machen sollten, ist die Fähigkeit Ihre angesammelten Erfahrungen zu analysieren sowie das Fazit über deren Nützlichkeit zu ziehen.

Der Kontakt zu Menschen des neunten Zeichens ist eine große Bereicherung, wenn es um eine spirituelle Neuausrichtung und Weiterentwicklung geht. Sollten Sie sich an einem solchen Punkt in Ihrem Leben befinden, so hält diese Begegnung viel Gutes für Sie bereit. Achten Sie jedoch darauf, das Gleichgewicht nicht zu verlieren und auch den anderen Aspekten Ihres Lebens genug Aufmerksamkeit zu widmen.

10. Thema „Erfolgsstreben": Sie und Personen Ihres zehnten Zeichens

Dabei geht es um eine der folgenden Verbindungen:

Sie	Ihr Gegenüber
Widder	Steinbock
Stier	Wassermann
Zwillinge	Fische
Krebs	Widder
Löwe	Stier
Jungfrau	Zwillinge
Waage	Krebs
Skorpion	Löwe
Schütze	Jungfrau
Steinbock	Waage
Wassermann	Skorpion
Fische	Schütze

Die wechselseitige Beeinflussung der Sternzeichen

Betrachten wir nun das zehnte Zeichen im Tierzeichenkreis. Die Beziehung zu Menschen des zehnten Zeichens ist vollkommen anderer Natur als die zum neunten Zeichen. Das zehnte Zeichen begegnet uns oft in der Person des Vorgesetzten, des Anführers oder generell eines Menschen, der versucht, uns seinen Willen aufzuzwingen und uns zu dominieren. Es ist leicht zu erkennen, dass eine solche Verbindung auch ein hohes manipulatives Potenzial hat, doch sie beinhaltet auch die Chance zu beruflichem und gesellschaftlichem Aufstieg für uns. Das zehnte Zeichen fordert uns in den Bereichen Fleiß, Ehrgeiz, Beruf und Selbstdisziplin heraus und wird Ihnen stets das Gefühl vermitteln, Ihnen darin haushoch überlegen zu sein.

Das manipulative Vermögen Ihres zehnten Zeichens drückt sich dadurch aus, dass diese Menschen oft die Rolle eines Chefs für Sie spielen. Das heißt, dass das Zeichen immer versucht Sie herumzukommandieren und nach seiner Pfeife tanzen zu lassen. Deshalb ist diese Art von Manipulation gar nicht schwierig zu durchschauen. Trotzdem kann so ein Bündnis ziemlich gut funktionieren, vorausgesetzt, dass beide Partner mit genug Verständnis auf einander eingehen. Sonst können beide auch in sehr angespanntem Verhältnis zu einander stehen. Wenn Sie mit so einem Partner gut auskommen, dann können Sie beide bei Geschäften viele gemeinsame Erfolge verzeichnen, denn in dieser Hinsicht geht es um ein sehr gutes Bündnis.

Trotz der Tendenz, dass Ihr zehntes Zeichen in dieser Partnerschaft immer die Zügel in der Hand halten will, geben diese Menschen Ihnen nicht selten Möglichkeiten, in der Gesellschaft aufzusteigen. Es fügt sich so, dass diese Menschen Ihre Leistung und Bemühungen leicht bemerken und erkennen. Ihre Erfolge fallen diesen Menschen nämlich stärker auf als jene der anderen. Seien Sie darauf gefasst, dass das Zeichen versucht, Ihnen immer Pflichten und Verantwortungen aufzuerlegen. Und das geschieht meistens auf eine klare und direkte Weise.

Um unerwünschte Befehle seitens dieser Menschen vorzubeugen, sollten Sie Ihre eigenen Prinzipien und Standpunkte entwickeln, die dann wiederum zu für Sie günstigen Entscheidungen führen werden, die Sie dann entschlossen verteidigen. Ab und zu kann das zehnte Zeichen sich überheblich und ungerecht Ihnen gegenüber verhalten. Unterbinden Sie derartige Tendenzen.

Vorteilhaft für Sie wäre die Möglichkeit, Methoden von Ihrem zehnten Zeichen zu lernen und zu übernehmen, mit denen Sie Ihre Leistungsfähigkeit und Disziplin steigern. Selbst wenn diese Menschen als faul und ineffektiv erscheinen, können Sie von ihnen profitieren, wenn Sie genauer hinsehen. Denn Ihr zehntes Zeichen offenbart genau diese Geheimnisse auf ganz natürliche Weise, weil es das Prinzip des 10ten Hauses auf Sie projiziert. Die Fähigkeit, regelmäßig alltägliche Entscheidungen schnell und vernünftig zu treffen, ist äußerst wichtig. In dieser Hinsicht kann Ihr zehntes Zeichen Sie weiterbringen, indem es Ihnen hilft diese Fähigkeit auszubauen.

11. Thema „Freundschaft": Sie und Personen Ihres elften Zeichens

Dabei geht es um eine der folgenden Verbindungen:

Sie	Ihr Gegenüber
Widder	Wassermann
Stier	Fische
Zwillinge	Widder
Krebs	Stier
Löwe	Zwillinge
Jungfrau	Krebs
Waage	Löwe
Skorpion	Jungfrau
Schütze	Waage
Steinbock	Skorpion
Wassermann	Schütze
Fische	Steinbock

Die wechselseitige Beeinflussung der Sternzeichen

Wir kommen zum vorletzten Zeichen im Tierzeichenkreis. Mit Menschen Ihres elften Zeichens verbindet Sie häufig eine intensive und langjährige Freundschaft. Viele gute Freunde von Ihnen können mit großer Wahrscheinlichkeit Inhaber dieses Zeichens sein. Deshalb zeigen Sie vielleicht auch viel Respekt für diese Menschen. Genau darin liegt auch das manipulative Potenzial Ihres elften Zeichens. Diese Menschen versuchen oft den Anschein zu erwecken, dass sie quasi die Rolle Ihres Gönners und Protegés einnehmen. Oft aber tun sie einfach so, als ob sie für Sie günstig und vorteilhaft wären. In der Beziehung zu diesen Menschen spielen Hoffnungen und Wünsche eine große Rolle, aber auch Themen wie Freiheit und die Gestaltung einer besseren Welt. Menschen des elften Zeichens verstehen sich darauf, sich als etwas Besonderes darzustellen. Sie sind häufig Trendsetter und sehr gesellig. Dies kann zu einer herablassenden Haltung gegenüber allen anderen, vor allem aber Ihnen gegenüber führen. Um sich in der Bewunderung anderer zu sonnen, wird oft ein falscher Schein vermittelt.

Achten Sie auf mögliche Heucheleien. Die Vertreter Ihres elften Zeichens werden Ihnen Anreize zum individuellen und freien Denken geben und sie bringen Sie dazu, Ihre ursprünglichen Werte und Ansichten zu verschiedenen Themen zu überdenken. Da Sie sich gemeinsam mit Menschen Ihres elften Zeichens für ähnliche Interessen oft einsetzen, legen diese Menschen große Hoffnungen auf Sie, und leisten Ihnen deshalb Unterstützung. Unter Ihrem elften Zeichen sind manchmal Mäzene anzutreffen, die Ihre Ideen finanziell fördern können. Ebenso können Sie mit Menschen des elften Zeichens soziale Projekte und Visionen umsetzen, da Sie sich in der Regel auf sie verlassen können. Es gilt zwischen echten und falschen Freunden unterscheiden zu können, denn Ihr elftes Zeichen kann Ihnen auch viele falsche Freunde einbringen, die Sie dann mit Lob und Komfort einzulullen versuchen, um ihre eigenen Ziele zu erreichen. Wenn Menschen des elften Zeichens zu egozentrisch und von sich selbst überzeugt sind, verwandeln sich ihre positiven Eigenschaften in negative. Es liegt an Ihnen, diesen Trend zu erkennen und sich von ihm abzugrenzen. Lassen Sie sich nicht für fremde Ziele einspannen!

Generell überwiegt in der Beziehung zum elften Zeichen allerdings das Positive. Diese Menschen können Sie in neue Gesellschaften und Vereine einführen, was Sie wiederum sozialer und geselliger macht. Es gibt hier auch eine Wahrscheinlichkeit, dass Menschen Ihres elften Zeichens einige zukünftige Ereignisse, die in Ihrem Leben passieren werden, voraussagen können. Das elfte Zeichen ist nämlich auf Sie (da Sie für Ihr elftes Zeichen das dritte darstellen) auch in präkognitiver Hinsicht eingestellt. Je länger Sie den Umgang mit einer Person Ihres elften Zeichens pflegen, desto wahrscheinlicher ist es, dass sie Ihnen einige solche

Die wechselseitige Beeinflussung der Sternzeichen

Vorhersagen auch mitteilen. Diese Prophezeiungen sind meistens aber nicht sonderlich wichtig, nicht immer auch richtig, und sind mit Vorsicht zu genießen. Ihr elftes Zeichen kann zudem oft gute Geschäftspartner abgeben, mit denen Sie auch sehr gut auskommen, was wiederum dazu führt, dass Ihr gemeinsam eure Interessen effektiv vertreten könnt.

12. Thema „Geheimnisse": Sie und Personen Ihres zwölften Zeichens

Dabei geht es um eine der folgenden Verbindungen:

Sie	Ihr Gegenüber
Widder	Fische
Stier	Widder
Zwillinge	Stier
Krebs	Zwillinge
Löwe	Krebs
Jungfrau	Löwe
Waage	Jungfrau
Skorpion	Waage
Schütze	Skorpion
Steinbock	Schütze
Wassermann	Steinbock
Fische	Wassermann

Die wechselseitige Beeinflussung der Sternzeichen

Wir sind am Ende des Tierzeichenkreises angelangt, bei Ihrem zwölften Zeichen. Jede Art von Beziehung mit Ihrem zwölften Zeichen zeichnet sich durch Schwierigkeiten und Verwirrungen aus. Es handelt sich um Begegnungen, die nur schwer fassbar sind und die vom Hauch des Mysteriösen und Geheimnisvollen umweht werden. Bei diesen oft problematischen Bündnissen geht es um Ihre geheimen Feinde, oder die Menschen, die das große Potenzial haben, im Laufe der Zeit bissig und feindselig zu werden. Das Zeichen versucht oft Ihr Vertrauen zu gewinnen, um an Ihre verborgenen Geheimnisse ranzukommen. Und das gelingt ihm meistens sehr gut. Wenn es ihm nutzt, kann es Ihre Geheimnisse dann öffentlich machen und Sie damit in Verruf zu bringen oder Ihnen damit einfach zu schaden, aus welchem Grund auch immer. Das ist die große manipulative Gefahr des zwölften Zeichens.

Vor diesen Menschen sollten Sie immer auf der Hut sein, besonders, wenn Ihr durch Geschäftsbeziehungen miteinander verbunden seid. Nehmen Sie es zur Kenntnis, dass diese Menschen normalerweise über Sie viel mehr wissen, als Ihnen lieb ist. Beziehungen und Freundschaften mit Ihrem zwölften Zeichen haben in der Regel einen guten Anfang. Die Wahrscheinlichkeit ist aber groß, dass im Laufe der Zeit Sie von ihm auf irgendeine Weise reingelegt oder verraten werden können. Im schlimmsten Fall können die Umstände sich so fügen, dass diese Menschen Ihren Tod herbeiführen können.

Eine weitere wichtige manipulative Eigenschaft Ihres zwölften Zeichens drückt sich dadurch aus, dass diese Menschen Sie auf eine verdeckte Weise immer zu steuern versuchen. Ja, das mag Ihnen gar nicht auffallen, aber die Kontrolle und Leitung geht von Ihrem zwölften Zeichen aus, und es macht alles nach seinem eigenen Gutdünken. Sollte es zu keinen Missstimmungen in einer privaten Beziehung kommen, ist das zwölfte Zeichen aber durchaus in der Lage mit ihren Schwächen Nachsicht zu üben, und seine geheime Feindseligkeit Ihnen gegenüber in sich zu unterdrücken.

Die Menschen Ihres zwölften Zeichens haben das potenzielle Zeug dazu, Sie zu verzaubern und Ihren Kopf zu vernebeln. Die Manipulationen, die von diesem Zeichen ausgehen, sind tatsächlich am schwersten zu bemerken, da sie sehr oft im Verborgenen geschehen. Bei diesen Menschen haben Sie wenig Durchblick, und Sie können eine sedative Wirkung auf Sie ausüben. Wenn Sie sich in Gegenwart dieser Menschen befinden, kann Ihre Wahrnehmung sich verzerren oder zum Teil auflösen. Die Träger des zwölften Zeichens können Ihnen mysteriös und geheimnisvoll erscheinen.

Wenn Sie im Konflikt mit einer Person Ihres zwölften Zeichens stehen, dann haben Sie es schwer. Einen offenen Krieg gegen diese Person zu führen wäre auf jeden Fall vergeblich. Denn alles, was so eine Person gegen Sie unternimmt, ist nicht direkt zu ertappen, sondern nur im Zusammenhang mit Spuren und Merkmalen, die sich auf boshafte Intrigen und Absichten schließen lassen, zu erkennen. Die einzige Weise, auf die Sie gegen Ihre insgeheim handelnden Feinde vorgehen können, basiert auf einer Überführung und Enthüllung der Taten Ihres Gegners. Bringen Sie Ihre Gegner ans Tageslicht, denn dadurch verlieren sie ihre Kräfte und werden in Lichtstrahlen wie Vampire in der Sonne einfach aufgelöst.

Die geistigen Anreize, die ein andauernder Kontakt mit Ihrem zwölften Zeichen auslöst, liegen in der Erkenntnis, dass es einen Unterschied zwischen den sinnvollen Zielen und den täuschenden Illusionen gibt. Wenn Sie den täuschenden Illusionen nachlaufen, heißt das, dass Sie sich von der realen Welt distanzieren wollen. Und es ist dann oft ein in den Abgrund führende Weg, sich von den eigenen Traumwelten und Visionen, die keinen Bezug auf die Realität haben, berauschen zu lassen. So ein Verhalten führt in der Tat zur Selbstauflösung. Oft sind die Gründe dafür im Eskapismus zu suchen: so kann die Realität als schmerzhaft empfunden werden, sodass die starke Intensität der Gefühle nicht mehr auszuhalten ist.

II. Die manipulativen Fähigkeiten der verschiedenen Sternzeichen

Im ersten Teil haben wir betrachtet, wie die einzelnen Sternzeichen Sie durch Ihre Beziehung im Tierkreiszeichen beeinflussen. In diesem Teil wollen wir uns damit beschäftigen, wie die einzelnen Sternzeichen sich in Bezug auf die anderen Zeichen verhalten und diese manipulieren. Jedes Zeichen, dem wir begegnen, symbolisiert prinzipiell Anteile, die wir selbst in uns tragen oder Lebensabschnitte, durch die wir gehen. Dieser Aspekt wird in der Astrologie auch durch die verschiedenen Häuser symbolisiert, die jeweils im Zeichen eines Sternzeichens stehen. Diese Mechanismen entstehen aus dem universalen Gesetz der Entsprechung, auch Analogieprinzip genannt. Es bedeutet, dass alles miteinander verbunden ist und in jeder Ebene eine Entsprechung hat. „Wie im Großen, so im Kleinen, wie im Innen, so im Außen und wie Oben so auch unten." Alles, was wir in der Außenwelt wahrnehmen, ist ein Spiegel unseres inneren Wesens. Jeder Mensch vereint Anteile vieler anderer Menschen in sich, die unterschiedlich ausgeprägt sind. Die Aspekte, die in den Sternzeichen und ihren Häusern verkörpert sind, sind ein Teil unserer Persönlichkeit, unseres Lebensweges und unserer Umwelt. Wer diese Zusammenhänge und Systematiken versteht, dem wird es leicht fallen, die verschiedenen Aspekte in anderen zu erkennen und sich zu Nutze zu machen.

Die manipulativen Fähigkeiten der verschiedenen Sternzeichen

Nicht jedes Sternzeichen verfügt über die gleich große Kraft, ein anderes zu manipulieren. Es hängt vom Zeichen des Gegenübers ab und dem Thema, unter dem sie sich begegnen, wie stark sie sich ausprägt. Dabei ist die Beeinflussung stets wechselseitig, das bedeutet, jeder Kontakt mit einem anderen Menschen hat das Potenzial uns zu beeinflussen und auch zu manipulieren.

Wenn Sie aber die kosmischen Gesetze, die sich in den Symbolen der Sternzeichen und ihrer Häuser ausdrücken, sich zu eigen machen, wird es Ihnen sehr viel leichter fallen, sich gegen eine unerwünschte Beeinflussung abzugrenzen und zu schützen, während Sie gleichzeitig Ihre manipulative Kraft auf andere erhöhen können. Im Folgenden soll es darum gehen, aufzuzeigen, wie und unter welchen Vorzeichen die einzelnen Sternzeichen manipulieren, an welchen Schwachstellen oder Charaktereigenschaften sie ansetzen und wie man diese Art von Manipulation identifiziert. Sicherlich werden Ihnen zahlreiche der beschriebenen Manipulationsbeispiele bekannt vorkommen, ohne dass Sie bislang wussten, dass diese Manipulation auf Basis der Sternzeichen stattfindet. Unser Sternzeichen prägt unseren Charakter und unser Schicksal, es gibt auch vor, wie wir auf Menschen anderen Sternzeichens reagieren. Noch bevor wir uns als Kind nach unserer Geburt überhaupt unserer selbst bewusst sind, wirkt die Macht der

Sternzeichen auf uns und stellt die Weichen für unser Leben. Aus diesem Grund ist das Manipulationspotenzial anhand unserer Sternzeichen so groß und wird häufig unterschätzt. Mit den folgenden Seiten bekommen Sie ein Instrument an die Hand, um Ihre eigenen Reaktionen, vor allem aber die Einflussnahme von anderen auf Sie und Ihre Entscheidungen, besser zu verstehen und mögliche Manipulationen zu identifizieren.

1. Wie der Widder manipuliert

Mit dem Widder beginnt der Kreis der Sternzeichen. Er gehört zu den Frühlingstierzeichen. Widder zeichnen sich dadurch aus, dass sie sehr zielstrebig sind und ihre Ideen in die Tat umsetzen. Es gelingt ihnen sehr gut, sich selbst auszudrücken und zu verwirklichen. Persönlichkeitsstärke und Charakter sind ihre Merkmale. Sie sprudeln vor Tatendrang. Geduld, Zurückhaltung und Taktgefühl sind nicht ihre Stärken, dafür ein gesunder Egoismus und die Fähigkeit, sich in der Welt zu behaupten. Widder sind ehrlich und loyal, Heuchelei und Listen sind ihnen fremd. Sie sind Menschen der Tat und nicht des langen Nachdenkens. Als Vertreter des 1. Hauses steht es für unsere Begegnung mit der Welt und der Erkenntnis des eigenen „Ichs" in Abgrenzung zu „ihr".

Widder und Widder

Die beiden sind füreinander jeweils das erste Zeichen. Ihre Beziehung zeichnet sich durch großes Verständnis und Vertrautheit aus. Ein Widder kann den anderen dadurch manipulieren, dass er ihm das Gefühl vermittelt, regelrecht unfehlbar zu sein und mit seiner Meinung immer Recht zu haben – ein Verhalten, das unweigerlich zu Konflikten mit der Umwelt führt. Der Widder weiß über den anderen, dass dieser es liebt, im Mittelpunkt zu stehen und gerne einfach losstürmt. Dieses Wissen kann er sich zu Nutze machen und ihn zu einem solchen Verhalten anspornen.

Widder und Stier

Hier zeigt sich eine besonders intensive Wirkung. Für den Stier ist der Widder das 12. Zeichen, verkörpert also etwas Geheimnisumwittertes und Mysteriöses. Der Widder ist dem Stier stets einen Schritt voraus. Er kennt die Schwächen des Stiers, das Leben eher geruhsam anzugehen und sich den leiblichen und materiellen Genüssen hinzugeben, während der Stier den Widder für seinen Mut und seine Persönlichkeitsstärke bewundert. Der Widder manipuliert den Stier, in dem er ihn zu Aktivitäten verführt, deren Konsequenzen der Stier nicht überblicken kann. Dazu können Drogen oder riskante Geschäfte gehören, aber auch sexuelle Verführung. Allem haftet aus Sicht des Stiers etwas Geheimnisvolles und darum Faszinierendes an. Ganz bewusst arbeitet der Widder mit den Schwächen des Stiers für leicht verdientes Geld, einen angenehmen Lebenswandel und Genüssen aller Art. Der Stier braucht ein gesichertes Umfeld und verlässliche Beziehungen. Der Widder verführt ihn dazu, diese zu verlassen und sich in Risiken zu begeben, die zum Nachteil des Stiers sein können. Als 12. Zeichen symbolisiert der Widder für den Stier den potenziellen Selbstverlust auf allen Ebenen.

Widder und Zwilling

Für den Zwilling ist der Widder das elfte Zeichen. Zwillinge sind vielseitig interessiert und verfügen oft über viele Talente. Allerdings fehlt dem Zwilling die Zielstrebigkeit des Widders. Allzu leicht kann sein innerer Kompass aus dem Gleichgewicht geraten und er verliert sich in seinen Interessen. Der Widder als elftes Zeichen begegnet dem Zwilling als Freund, so dass sich die sehr unterschiedlichen Charakteranlagen der beiden erfolgreich verbinden können. Der Zwilling lernt vom Widder, sich auf seine Ziele zu konzentrieren und sich nicht ablenken zu lassen. Es besteht allerdings die Gefahr, dass der Widder den Zwilling dazu bringt, Interessen zu verfolgen, die eigentlich gar nicht seine eigenen sind, sondern dem Widder nützen. Gerade weil der Zwilling oft nicht weiß, was er will, erscheint die klare Linie des Widders allzu verführerisch, ohne dass er sich zuerst klar darüber wird, ob dessen Ziele überhaupt die eigenen sind. Der Widder kann dem Zwilling einreden, nicht gut genug oder nicht leistungsfähig, ja sogar, nicht lebensfähig zu sein und dauerhaft auf den Rat anderer angewiesen zu sein. So gewinnt der Zwilling den Eindruck, Entscheidungen nicht selbst treffen zu können. Der Widder verkauft ihm das unter der Prämisse, das sei „zu seinem eigenen Besten."

Widder und Krebs

Für den Krebs ist der Widder das zehnte Zeichen. Er begegnet dem sensiblen und künstlerisch begabten Krebs auf der Ebene des Erfolgsstrebens und das kann für den Krebs fatale Folgen haben. Der Krebs zieht sich gerne zurück und ist emotional verletzlich. Er braucht kreativen Freiraum, um sich entfalten zu können. Die ausgeprägte Persönlichkeit des Widders, der ihm in der Person des Vorgesetzten, Anführers oder einer sonstigen Autoritätsperson gegenübertritt, hat der Krebs wenig entgegen zu setzen und lässt sich nur allzu leicht dominieren. Dem Widder mangelt es an Verständnis für die Bedürfnisse des Krebses, so dass er dem Krebs die kreative Entwicklungsfreiheit nicht lässt, was diesen auf Dauer unglücklich und depressiv machen kann. Statt subtiler Manipulation treffen wir hier die deutlich erkennbare

Dominanz des Widders über den Krebs, der sich der Krebs nur durch Rückzug und Distanz entziehen kann.

Widder und Löwe

Der Widder begegnet dem Löwen als neuntes Zeichen. Der Löwe als Feuerzeichen sprüht regelrecht vor Energie und Tatendrang und ist dem Widder deshalb ein ebenbürtiger Gegner. Das manipulative Potenzial des Widders auf den Löwen ist begrenzt, vielmehr zeigt sich häufig eine positive wechselseitige Beeinflussung, in der der Löwe den Widder als spirituellen Berater erlebt, der ihm helfen kann, sein Temperament unter Kontrolle zu halten. Latent könnte sich eine Tendenz zeigen, in der der Widder versucht, den Löwen für ideologische Inhalte zu begeistern, doch der Löwe lässt sich von derlei geistigen Beschränkungen nicht lange hinter das Licht führen.

Widder und Jungfrau

Der Jungfrau ist der Widder das achte Zeichen. Jungfrauen zeichnen sich durch einen starken Ordnungssinn aus. Ihr Denken und Handeln ist mit der Realität verhaftet und für

Träumereien nicht anfällig. Krisen überstehen Jungfrauen deshalb meistens relativ unerschüttert. Anders ist es, wenn sie durch einen Widder manipuliert werden. Dem Widder gelingt es, den Realitätssinn der Jungfrauen zu verunsichern und Chaos und Unordnung in deren Leben zu tragen. Der Widder redet der Jungfrau beständig ein, ihre Wahrnehmung sei falsch und ihre Handhabung von Problemen nicht die richtige. Das raubt der Jungfrau ihr Selbstvertrauen, schüchtert sie ein und löst endlose Selbstkritik aus. Dadurch läuft sie Gefahr, ihre Psyche zu zerstören.

Jungfrauen fühlen sich von dem Feuerzeichen Widder häufig angezogen und bewundern dessen Entschlossenheit, deshalb nehmen sie sich die Kritik des Widders zu Herzen und stellen sich selbst in Frage.

Widder und Waage

Der Widder ist für die Waage das siebte Zeichen. Zwischen den beiden besteht eine große Anziehungskraft und nicht selten ergeben sich produktive Partnerschaften sowohl im privaten als auch im geschäftlichen Bereich. Die Waage liebt das Schöne und Ästhetische und hat viele gute Ideen, die sie, kombiniert mit der Zielstrebigkeit des Widders, zu Erfolg bringen kann. Allerdings neidet der Widder der Waage nicht selten ihren Ideenreichtum, so dass es zu Rivalitäten kommen kann. Der Widder kann Ideen der Waage für seine eigenen ausgeben und die Waage hintergehen. Es wird der Waage trotzdem schwer fallen, sich der Anziehungskraft, die der Widder als siebtes Zeichen auf sie ausübt, zu entziehen, so dass eine starke Hassliebe die Folge sein kann. Der Widder manipuliert die Waage, in dem er sich als ihr Verbündeter und Partner ausgibt, im Hintergrund allerdings längst andere Pläne schmiedet.

Widder und Skorpion

Der Widder steht dem Skorpion als sechstes Zeichen gegenüber. Diese Verbindung ist besonders komplex, da die Begegnung mit dem sechsten Zeichen unter der Überschrift „Kompromisse" steht, der leidenschaftliche Skorpion aber gerade dafür bekannt ist, keine Kompromisse einzugehen und sehr kampfeslustig zu sein. Die Beharrlichkeit des Widders kann ihn aber dazu bringen, doch welche einzugehen. Das kann sich sehr positiv auf das Leben des Skorpions auswirken und ein stabilisierender Faktor sein. Zugleich besteht die Gefahr, dass sich seitens des Skorpions Frust und Unzufriedenheit aufstauen und er sich regelrecht gefangen fühlt. Diese Unzufriedenheit kann sich in

Streitigkeiten und sogar Gewalt entladen. Der Widder manipuliert den Skorpion, in dem er ihn entgegen dessen Wesensanlagen zu vielen Kompromissen zwingt und ihn emotional erpresst. Glücklich wird der Skorpion so allerdings selten.

Widder und Schütze

Dem Schützen gegenüber tritt der Widder als fünftes Zeichen auf, es geht in der Beziehung dieser beiden Zeichen also vor allem um Kreativität, die allerdings für den Schützen eine eher untergeordnete Rolle spielt. Der Schütze ist ein durch und durch moralischer Mensch, dem Ehrgefühl, Stolz und Ansehen sehr wichtig sind. Kreativen Ausbrüchen steht er per se eher misstrauisch gegenüber. Der Widder kann ihn dazu anstiften, dieses Misstrauen zumindest zeitweise abzulegen und sich in unbekanntes Fahrwasser zu begeben, was in das Leben des Schützens neue Impulse bringt. Das Manipulationsrisiko dieser Verbindung beruht auf der Gefahr, dass der Schütze unter dem Einfluss des Widders seine moralischen Prinzipien aufweicht und sich verändert. Dies erreicht der Widder, in dem er dem Schützen vorhält, seine Überzeugungen seien falsch oder dessen Ruf gezielt schädigt, in dem er Gerüchte in Umlauf bringt.

Widder und Steinbock

Für den Steinbock ist der Widder das vierte Zeichen. Steinböcke zeichnen sich durch großen Ehrgeiz und Bodenständigkeit aus. Fleiß und Disziplin haben für sie einen hohen Stellenwert und sie verfolgen unbeirrt ihre Ziele. Dabei besteht die Gefahr, die guten und leichten Seiten des Lebens zu verpassen. Durch den Kontakt mit dem Widder wird dieser Aspekt noch verschärft. Der Widder lässt den Steinbock glauben, er könne seine Ziele nur erreichen, wenn er ihnen auf altbekannten Wegen nachgeht. Damit beschränkt er das Erfolgspotenzial des Steinbocks empfindlich. Der Steinbock ist empfänglich dafür, wenn jemand an sein Traditionsbewusstsein appelliert und genau an dieser Stelle setzt der Widder an. Zwischen diesen beiden Zeichen gibt es Übereinstimmungen, beide sind entschlossen und verfügen über eine große Tatkraft. Während der Steinbock aber eher ein kühler Analytiker ist, ist der Widder ein impulsiver Heißsporn. Er kann dem Steinbock Ratschläge erteilen, nicht so unterkühlt zu handeln und sich mehr um die eigene Familie zu kümmern.

Widder und Wassermann

Für den Wassermann ist der Widder das dritte Zeichen. Die beiden sind oft durch eine humorvolle und intensive Freundschaft miteinander verbunden. Gemeinsam erleben sie Spaß und zelebrieren ihre Freundschaft regelrecht. Sie inspirieren und beflügeln sich gegenseitig. Der Widder hält es jedoch nur selten gut aus, seinen Platz im Mittelpunkt der Aufmerksamkeit mit dem Wassermann zu teilen. Deshalb manipuliert er ihn als dessen drittes Zeichen, indem er sich heuchlerische Aussagen und Gerüchte zu Nutze macht, um dessen Popularität und Ansehen zu schaden. Für Wassermänner haben Freunde einen hohen Stellenwert, ohne sie können sie schlicht nicht existieren. Hier setzt die Manipulation des Widders an, der den Wassermann durch Einflüsterungen und das Verbreiten von Gerüchten isoliert und so einer seiner wichtigsten Ressourcen beraubt. Als Ergebnis kann sich der Widder in der Anziehungskraft des Wassermanns sonnen, ohne befürchten zu müssen, dass dieser ihm überlegen ist.

Widder und Fische

Der Widder ist für die Fische das zweite Zeichen. Fische sind generell sehr empfindsam und mitfühlend. Aufgrund dieser Verletzlichkeit ziehen sie sich häufig von der Welt zurück, um sich zu schützen. Der Widder als ihr zweites Zeichen verkörpert mit seiner eher draufgängerischen Art das genaue Gegenteil, allerdings ist die manipulative Kraft des Widders auf die Fische eher gering. Er wird versuchen, die Fische regelrecht zu kaufen und auf diese Weise an sich zu binden, doch es wird ihm nie gegönnt sein, das Wesen der Fische und ihre Bedürfnisse vollständig zu verstehen, so dass eine solche Bindung selten von langer Dauer ist.

2. Wie der Stier manipuliert

Stiere sind zumeist sehr bodenständige Menschen, die sich nicht schnell aus der Ruhe lassen bringen. Übertriebener Ehrgeiz gehört nicht zu ihren Tugenden, dafür können sie das Leben in all seinen Aspekten genießen. Materieller Besitz, Ansehen, soziale und finanzielle Sicherheit sowie das Schaffen einer sicheren Lebensgrundlage sind Aspekte, die ihn antreiben. Sie prägen auch das 2. Haus, dem der Stier vorsteht. Stiere zeichnen sich durch eine große Gutmütigkeit aus. Zu schnellen Reaktionen lassen sie sich nicht hinreißen, doch wenn sie sich entscheiden, zu handeln, dann sind ihre Reaktionen heftig und endgültig. Ausdauer und Beständigkeit sind seine Stärken, allzu leicht lässt er sich auch zu Genuss und Gemütlichkeit verführen.

Stier und Stier

Stier und Stier begegnen sich als erstes Zeichen. Ihre Beziehung zeichnet sich durch Verständnis und prinzipielle Übereinkunft aus. Als Partner und Freunde können sie durch ihr wohlüberlegtes Handeln Projekten und Entscheidungen den nötigen Realitätssinn verleihen und den Heißsporn oder die Träumereien anderer Zeichen ausbremsen. Ein Stier manipuliert einen anderen Stier, in dem er es ihm allzu gemütlich in dessen Komfortzone macht, so dass der Stier Ziele und Ehrgeiz vernachlässigt, ohne sich dessen bewusst zu sein. Manchmal muss man im Leben nach etwas streben, um etwas zu erreichen, auch wenn das heißt, Risiken einzugehen oder sich anzustrengen.

Stier und Zwilling

Der Stier ist für den Zwilling das 12. Zeichen. Im positiven Sinne kann der Stier dafür sorgen, dass der Zwilling mehr Bodenhaftung gewinnt. Allerdings kann der Stier auf den Zwilling auch eine buchstäblich lähmende Wirkung haben. Der Zwilling beginnt, seine vielfältigen Interessen zu vernachlässigen und regelrecht stillzustehen. Der Stier erreicht das, in dem er die Aufmerksamkeit des Zwillings mit praktischen und materiellen Lebensfragen fesselt und ihm den Eindruck vermittelt, diese machten den eigentlichen Sinn und Inhalt des Lebens aus. Der Zwilling braucht neue Ideen und geistige Weiterentwicklung wie die Luft zum Atmen. Ständig ist er auf der Suche nach neuen intellektuellen Herausforderungen. Der Stier kann ihn zu Genuss, Behäbigkeit und Faulheit verführen, so dass der Zwilling seine Talente vernachlässigt.

Stier und Krebs

Dem Krebs ist der Stier das elfte Zeichen. Ihre Beziehung steht unter der Überschrift „Freundschaft", so dass sie oft positiv ist. Stier und Krebs ergänzen einander, da der Krebs eher kreativ, der Stier eher bodenständig ist. Will der Stier einen Krebs manipulieren, so erreicht er das, in dem er den Krebs über dessen Wirkung auf andere verunsichert. Er redet ihm ein, anderen Menschen gegenüber misstrauischer zu sein und ihre Signale und Äußerungen kritischer zu betrachten. Das kann dazu führen, dass sich der Krebs noch mehr als sonst von anderen abkapselt und schlussendlich vereinsamt.

Stier und Löwe

Der Stier ist für den Löwen das zehnte Zeichen. Häufig tritt der Stier als Vorgesetzter oder Weisungsbefugter des Löwen auf, was mit dessen großen Ego nur schwer zu vereinbaren ist. Der Stier neidet dem Löwen dessen öffentliche Wirkung und Popularität und wird genau hier ansetzen, um ihn zu manipulieren. Der Stier weiß, dass der Löwe anfällig ist für Schmeicheleien und Kränkungen und beide wird er für seine Manipulation benutzen. Mal wird er den Löwen über den Klee loben, dann öffentlich vor anderen abkanzeln und seinem Urteil die Legitimität absoluter Berechtigung und Objektivität verleihen, so dass Widerspruch zwecklos ist. Die tatsächliche Willkür dieses Handelns wird den Löwen verunsichern und an seinen Fähigkeiten zweifeln lassen.

Stier und Jungfrau

Für die Jungfrau ist der Stier das neunte Zeichen. Diese beiden Zeichen ergänzen sich prinzipiell sehr gut, auch wenn der Stier der Jungfrau zu unordentlich sein kann. Der Stier kann die Jungfrau dazu verführen, Ordnung auch mal Ordnung sein zu lassen und sich Genüssen und Leichtigkeit hinzugeben. Die Gefahr dabei ist, dass die Jungfrau eben jene Ordnung unbedingt braucht, um sich wohl zu fühlen. Hindert der Stier sie durch Ablenkungen daran, besteht die Gefahr, dass sie sich selbst verliert oder dass es zu ernsten Konflikten kommt. Wenn der Stier die Jungfrau manipulieren möchte, überrascht er sie mit spontanen Reisen und Verabredungen und stört mit auf den ersten Blick positiven Sympathiebekundungen und Geschenken ihren gewohnten Ablauf.

Stier und Waage

Hier ist der Stier das achte Zeichen. Waagen sind nicht gut darin, mit Krisen umzugehen. Der Stier kann ihnen helfen, diese Fähigkeit zu verbessern und zu akzeptieren, dass Scheitern zum Leben gehört. In Krisensituationen kann der Stier sehr praktische Tipps geben, die umgehend Wirkung zeigen. Das manipulative Potenzial dieser Beziehung liegt in einer möglichen Abhängigkeit der Waage vom Stier, die fortan glaubt, dessen Ratschläge seien Gesetz, um ein erfolgreiches und zufriedenes Leben zu führen, eine Ansicht, die der Stier nur allzu gerne durch entsprechende Äußerungen bestätigt.

Stier und Skorpion

Wie bei allen siebten Zeichen besteht zwischen Stier und Skorpion eine große Anziehung. Es fällt dem Stier leicht, den Skorpion zu verführen, auch in sexueller Hinsicht, indem er dessen Leidenschaften gezielt weckt und füttert. Die Genussfähigkeit des Stiers und die Leidenschaft des Skorpions können zu einem Feuerwerk des Begehrens und der Hingabe führen, allerdings sind diese Beziehungen selten von Dauer. Dem Skorpion gefällt es nicht, dass der Stier so schwer aus der Ruhe zu bringen ist, er wünscht sich Kämpfe und Auseinandersetzungen, hitzige Diskussionen und einen

Erkenntnisgewinn. Dafür ist der Stier aber nicht zu haben. Es ist für den Skorpion leicht, den Stier zu manipulieren, indem er ihn gezielt eifersüchtig macht und so aus der Reserve lockt.

Stier und Schütze

Für den Schützen ist der Stier das sechste Zeichen. Wenn es um seine moralischen Überzeugungen geht, ist der Schütze nur selten bereit, pragmatische Kompromisse zu machen, doch genau dazu zwingt ihn der Stier. Er fordert ihn auf, die Dinge nicht allzu eng zu sehen, was durchaus positiv für den Schützen sein kann, doch sein Identitätsgefühl beruht darauf, diese moralischen Prinzipien und seinen Stolz zu verteidigen. Weicht er diese Haltung auf, kann das zu einer Identitätskrise mit unbekannten Folgen führen, da auch sein Ansehen auf diese Weise Schaden nimmt. Die anderen bewundern ihn für seine moralische Integrität und Kompromisslosigkeit. Die Relativierung dieser Eigenschaften kann sein ganzes soziales Umfeld erschüttern und den Schützen als Heuchler dastehen lassen.

Stier und Steinbock

Hier begegnen sich zwei Zeichen mit Hörnern auf dem Kopf, die sich prinzipiell in ihrer Entschlossenheit nichts nachstehen. Deshalb kann aus dieser Verbindung eine lebhafte Partnerschaft und Freundschaft entstehen, in der man einander unterstützt und erdet. Will der Stier den Steinbock manipulieren, so feuert er ihn zu immer größerem Ehrgeiz an, bis dieser seine Kräfte überschätzt und in das Straucheln gerät, während sich der Stier entspannt zurücklehnt und zuschaut.

Stier und Wassermann

Der Stier ist dem Wassermann das vierte Zeichen. Prinzipiell hat der Wassermann mit dem Thema Tradition, welches diese Beziehung beherrscht, wenig zu tun, doch genau dort setzt der Stier an. Er redet dem Wassermann ein, Dinge mehr auf traditionelle Weise zu handhaben und sich nicht von seinen unkonventionellen Wünschen und Ideen leiten zu lassen. Er hält ihm vor Augen, dass dies der Grund für vergangenes Scheitern ist. Der Wassermann aber ist ein Freigeist, für den konservative Werte wie Gift sind.

Stier und Fische

Fischen steht der Stier als drittes Zeichen gegenüber. Versucht er diese zu manipulieren, so wird er die Fische in der Kommunikation anderen gegenüber als unzuverlässig und verträumt darstellen, so dass andere ihre Einstellung den Fischen gegenüber ändern. Er wird die Fische durch Kommentare dieser Art verunsichern und das Gefühl vermitteln, sie könnten ihren Alltag nicht allein bestreiten und bräuchten beständige Führung und Anleitung.

Stier und Widder

Der Stier ist für den Widder das zweite Zeichen. Die manipulative Kraft seitens des Stiers ist hier nur wenig vorhanden, vielmehr hilft er dem Widder seine Talente und Fähigkeiten zu entdecken. Der Widder wird den Stier für seine Stärke und Gelassenheit bewundern und darüber in das Zweifeln über sich selbst geraten. Stiere vermitteln Widdern den Eindruck, dass diese andere häufig vor den Kopf stoßen und deshalb nicht wohl gelitten sind. Das kann zu Rückzug und Isolation des Widders führen oder dessen Auftreten noch unverbindlicher machen, als es ohnehin schon ist und ihn so viele wichtige Freundschaften kosten.

3. Wie der Zwilling manipuliert

Zwillinge sind sehr vielseitige Persönlichkeiten, die häufig durch großen Intellekt oder andere Talente auffallen. Ihre Persönlichkeiten sind komplex und oft sogar widersprüchlich, sie haben, wie man sagt, zwei Gesichter. Sie symbolisieren den Lebensabschnitt der Pubertät, in dem es um geistiges Wachstum, Erkenntnis und Kritik, Lernen und Kommunikation geht. „Wer will ich sein?" ist eine der Fragen, die typisch für den Zwilling ist. Der Zwilling hat einen wachen Verstand, langes Grübeln und Konzentration sind dennoch seine Sache nicht. Es fällt ihnen leicht, über den Tellerrand hinauszublicken, sie werden allerdings auch oft durch schnell wechselnde Gemütszustände hin- und hergeworfen und zeigen sich nur selten als berechenbar und stabil. Aus diesem Grund ist ihr Manipulationsrepertoire besonders groß. Das dritte Haus, dem sie vorstehen, ist gekennzeichnet durch die Kommunikation mit der Umwelt. Aus diesem Grund sind Zwillinge oft gute Vermittler.

Zwilling und Zwilling

Zwillinge haben oft das Gefühl, dass niemand auf der Welt sie versteht. Sie fühlen sich fremd und einsam. Ein anderer Zwilling aber versteht dieses Gefühl und dessen Ursprung, so dass Zwillinge einander Halt geben. Sehr leicht aber manipuliert ein Zwilling den anderen dazu, sich wie in einem Kokon zu bewegen und anderen Menschen gar nicht mehr die Chance zu lassen, ihn zu verstehen. Will ein Zwilling den anderen manipulieren, so redet er ihm ein, dass niemand ihn so gut versteht wie er selbst und er deshalb auf alle anderen Kontakte verzichten sollte.

Zwillinge und Krebs

Zwillinge sind für den Krebs das zwölfte Zeichen. Krebse sind von Natur aus empfänglich für alles Mysteriöse, für das, was sich nicht auf den ersten Blick offenbart. Kein Wunder also, dass sie von den Zwillingen und ihrer Vielfältigkeit regelrecht fasziniert sind. Genau hier liegt die Gefahr. Die Faszination kann in Abhängigkeit und suchtartiges Verhalten umschlagen, das durch den Zwilling durch widersprüchliche Signale noch verstärkt wird. So wird er dem Krebs an einem Tag vermitteln, dass er ihn liebt und schätzt, ihn am nächsten abweisend und distanziert behandeln. So stürzt er den Krebs in eine tiefe emotionale Abhängigkeit, in der dieser glaubt, ohne den Zwilling nicht leben zu können.

Zwilling und Löwe

Zwillinge und Löwe verbindet oft eine ungewöhnliche Freundschaft. Der Löwe ist laut und temperamentvoll, der Zwilling nachdenklich und schwer zu durchschauen. Aus diesem Grund geraten sie seltener in Konkurrenz zueinander und können die Vorzüge des anderen genießen. Es gelingt dem Zwilling nur selten, den Löwen zu manipulieren, außer, wenn er ihn auf einem intellektuellen Gebiet herausfordert und dem Löwen das Gefühl gibt, dort unterlegen zu sein. Einer solchen Herausforderung kann der Löwe nicht widerstehen, scheitert aber gegen den Zwilling, was seinen Stolz verletzt.

Zwilling und Jungfrau

Für die Jungfrau ist der Zwilling das zehnte Zeichen. Erfolg ist für die Jungfrau nicht so wichtig, wie an ihrer gewohnten Ordnung festzuhalten. Um den Zwilling zu beeindrucken, kann sie davon aber abweichen. Der Zwilling kann die Jungfrau anspornen, sich selbst zu verwirklichen und neue Ziele zu erreichen, er kann sie aber auch durch seine Unberechenbarkeit wörtlich in den Wahnsinn treiben. Die Jungfrau ist darauf angewiesen, zu wissen, woran sie ist und genau diese Gewissheit verwehrt ihr der Zwilling. Sie versteht nicht, was der Zwilling, der häufig als ihr Chef oder in einer überlegenen Position auftritt, von ihr erwartet und das führt zu Frust und Selbstzweifeln.

Zwilling und Waage

Der Waage begegnet der Zwilling als neuntes Zeichen. Hier geht es um das Thema „Horizonterweiterung". Die Waage ist betört von den vielfältigen Interessen des Zwillings und lässt sich nur allzu gerne von diesem inspirieren und zu intellektuellen Höhenflügen verleiten. Für die Waage spielen Gerechtigkeit und Ausgeglichenheit allerdings eine wichtige Rolle und genau hier hat der Zwilling große Defizite. Will ein Zwilling eine Waage manipulieren, so macht er sie zum Komplizen in ungerechtem und willkürlichem Verhalten.

Zwilling und Skorpion

Dem Skorpion ist der Zwilling das achte Zeichen. Der Skorpion ist aufgrund seiner Leidenschaftlichkeit und Streitlust geradezu prädestiniert für Konflikte und Krisen, die der Zwilling geschickt zu verstärken weiß. Er wird den Skorpion anstacheln, sich in aussichtslose Kämpfe zu stürzen und andere Menschen von sich zu stoßen, so dass er in Notsituationen ganz alleine dasteht. Zwillinge haben zwar einen wachen Verstand, Tatkraft ist jedoch keine ihrer Stärken. Sie bleiben lieber im Ungefähren der geistigen Ideen, der Worte, statt der Taten. Sie können den Skorpion dazu missbrauchen, für sie die Verantwortung zu übernehmen, in dem sie ihm suggerieren, es ginge um einen Kampf um die Wahrheit, um Leben und Tod, etwas an einem Vorhaben sei so entscheidend, dass es auf keinen Fall aufgegeben werden darf.

Zwilling und Schütze

So widersprüchlich diese beiden Zeichen auf den ersten Blick auch scheinen, ihr Verhältnis wird von dem Aspekt „Partnerschaft" geprägt und so ergibt sich aus ihrer Verbindung oft ein erfolgreiches Geschäftsmodell und eine langjährige Freundschaft, deren Erfolg darauf beruht, dass man sich gegenseitig genug Freiraum lässt. Das Manipulationspotenzial des Zwillings auf den Schützen beruht darauf, diesen aus freundschaftlicher Verpflichtung dazu zu bringen, Deals und Geschäfte einzugehen, die er eigentlich nicht will.

Zwilling und Steinbock

Zwilling und Steinbock kommen nicht gut miteinander aus. Der Steinbock hat keine Lust, sich auf die Launen des Zwillings einzulassen, doch da dieser sein sechstes Zeichen ist, bleibt ihm gar nichts anderes übrig, als sich seine Kritik immer wieder anhören zu müssen. Das kann dem Steinbock einiges abverlangen und ihn sogar unglücklich machen. Emotionale Willkür ist etwas, das er nicht verstehen kann und das zu einer Unbekannten in seinen Plänen wird. Der Zwilling kann dem Steinbock so wichtige Energie rauben und ihn durch wiederkehrende emotionale Dramen und Stimmungswechsel von der Erreichung seiner Ziele abbringen.

Zwilling und Wassermann

Hier treffen sich zwei Seelenverwandte. Die Beziehung zwischen Wassermann und Zwilling ist oft durch tiefes Verständnis und Harmonie gezeichnet, da der Wassermann bereit ist, den Zwilling so zu akzeptieren, wie er ist. Aus diesem Grund ist sein manipulatives Potenzial auf den Zwilling höher als umgekehrt. Als fünftes Zeichen kann der Zwilling den Wassermann manipulieren, indem er dessen Ideen und Pläne für seine eigenen ausgibt. Dem

Wassermann sind Konkurrenzdenken und Neid eher fremd, so dass es ihm schwer fallen wird, dieses Verhalten zu benennen und sich dagegen zu verwahren.

Zwilling und Fische

Fische denken und handeln stets aus dem Bauch heraus. Ihre Entscheidungen können sie nur selten rational begründen. Dem Zwilling gelingt es, diese gefühlsmäßigen Entscheidungen nach seinen Wünschen zu beeinflussen, in dem er dem Fisch einredet, sein Bauchgefühl stimme nicht mit traditionellen Werten überein. Dabei macht er sich zu Nutze, was er über die innerlichen geistigen Grundhaltungen der Fische in Erfahrung bringen kann und setzt dieses Wissen gezielt gegen die Fische ein.

Zwillinge und Widder

Beim Widder haben die Zwillinge leichtes Spiel. Sie wissen um seine Sturheit und seinen eher aufbrausenden Charakter und beeinflussen ihn durch geschickte Kommunikation dementsprechend. Zum Beispiel wird ein Zwilling einem Widder immer das Gegenteil von dem vorschlagen, was er eigentlich will, weil er weiß, dass der Widder widersprechen und am Ende genau das tun wird, was der Zwilling von ihm will

Zwillinge und Stier

Als Erdzeichen hat der Stier von Natur aus eine enge Verbindung zu allem Materiellen. Das ist eine seiner Stärken, aber auch Teil seiner Schwäche, die der Zwilling auszunutzen weiß. Er lässt den Stier in Sorge darüber geraten, dass er seinen Besitz verlieren könnte und macht ihn so anfällig für Manipulationen. Dem Stier fällt es schwer, den geistigen Höhenflügen des Zwillings zu folgen, so dass es für den Zwilling leicht ist, dem Stier einzureden, dass er dumm sei.

4. Wie der Krebs manipuliert

Krebse sind ihrem Wesen nach sehr sensibel, weswegen sie sich häufig von der Welt zurückziehen. Emotionale Verletzungen und Kränkungen nehmen sie sich sehr zu Herzen. Gleichzeitig sind sie sehr feinfühlig und in Begegnungen zu anderen eher schüchtern. Ihre Feinfühligkeit ist zugleich ihr bestes Manipulationsinstrument, denn keinem Zeichen gelingt es so gut, sich in andere hineinzuversetzen, wie dem Krebs. Sie sind weich und handeln auf Grundlage ihrer Gefühle. Als Zeichen des vierten Zeichens stehen die Krebse für alles, was mit unserer Herkunft, unseren Wurzeln und unserem Elternhaus zu tun hat. Mit diesen Aspekten verbinden wir tiefverwurzelte Gefühle, die nur selten durch bewusste Entscheidungen beeinflusst werden können.

Krebs und Krebs

Wie stets beim ersten Zeichen ist diese Beziehung durch gegenseitiges Verständnis und eine große Übereinkunft geprägt. Ein Krebs kann den anderen allerdings dazu bringen, sich aus Angst vor Verletzungen vollständig von der Welt und anderen abzuwenden und ihn so um viele schöne Begegnungen mit anderen bringen.

Die manipulativen Fähigkeiten der verschiedenen Sternzeichen

Krebs und Löwe

Für den Löwen ist der Krebs das 12. Zeichen. Der Löwe bewundert die Empathie des Krebses, der viele Nuancen wahrnimmt, die dem Löwen in seiner Selbstbezogenheit entgehen. Deshalb ist es für den Krebs leicht, den Löwen zu manipulieren. Er kann ihm einreden, dass dieser bestimmte Zwischentöne nicht wahrnimmt und andere, die sich vordergründig freundlich geben, in Wirklichkeit über den Löwen lachen. Der Löwe aber braucht die Anerkennung durch andere wie die Luft zum Atmen. Er wird einer solchen Manipulation glauben, ohne sie in Frage zu stellen und sehr unglücklich darüber werden.

Krebs und Jungfrau

Für die Jungfrau ist der Krebs das elfte Zeichen. Die beiden begegnen sich prinzipiell freundschaftlich und es tut der Jungfrau gut, dass der Krebs sensibel genug ist, um auf ihre Bedürfnisse einzugehen. Die manipulative Wirkung des Krebses auf die Jungfrau ist dementsprechend gering. Er kann manipulativen Einfluss auf die Jungfrau nehmen, in dem er immer wieder ihre emotionale Seite anspricht. Um seinen Alltag zu bewältigen, ist es oft nötig, persönliche Befindlichkeiten und Probleme bei Seite zu schieben. Das gelingt der Jungfrau sehr gut. Der Krebs kann sie jedoch durch entsprechende Kommentare dazu bringen, sich von Gefühlen leiten zu lassen und so das eigene, routinierte Handeln in Frage zu stellen. Beispielsweise kann er an ihr Mitleid appellieren, wenn es um das Leid der Tiere in der Fleischindustrie geht, oder ihr vor Augen führen, dass sie sich aufgrund ihrer strikten Pflichterfüllung emotional nicht genug auf Kinder, Partner oder Freunde einlässt.

Krebs und Waage

Der Krebs begegnet der Waage als zehntes Zeichen, es geht also um Führung und Dominanz. Krebse können sich als sehr verständnisvolle und menschliche Chefs erweisen, die ehrliches Interesse an ihren Mitarbeitern haben. Will ein Krebs eine Waage manipulieren, so muss er nur an deren Gerechtigkeitssinn appellieren und wird sie so dazu bringen, Aufgaben zu übernehmen, für die sie nicht bezahlt wird oder ihr einreden, mehr Verantwortung zu übernehmen, als sie eigentlich muss. Die Waage eignet sich hervorragend dazu, für andere den Kopf hinzuhalten.

Krebs und Skorpion

Der Krebs kann als neuntes Zeichen das Leben des Skorpions sehr bereichern, indem er ihn mit neuen Lehren vertraut macht, die seine Weltanschauungen signifikant ändern können. Gleichzeitig sind Krebse auch sehr erfolgreiche Demagogen, die im Gewand demütiger Lehrer und Anhänger absoluter Wahrheiten daherkommen. Gerade weil es dem Krebs so gut gelingt, sich in andere hineinzuversetzen und ihre Bedürfnisse zu erkennen, kann er sie ideologisch verführen und sich entfremden. Er schenkt Anerkennung, Mitgefühl und Verständnis. Der Skorpion fühlt sich häufig missverstanden und ist deshalb dieser Art von Manipulation schutzlos ausgeliefert.

Krebs und Schütze

Vor nichts fürchtet sich der Schütze so sehr wie vor Misserfolg und Lebenskrisen. Er wird alles tun, um sie zu vermeiden und in wahre Panik geraten, sollte sich ein Scheitern abzeichnen. Der Krebs kann ihn in der emotionalen Bewältigung der Krise unterstützen, es ist allerdings auch ein Leichtes für den Krebs, den Schützen zu manipulieren, wenn er erst einmal dessen Vertrauen gewonnen hat. Er wird ihm Gefahren einreden, die gar nicht existieren und ihn so zu Handlungen bewegen, die ihn viel Geld kosten und nur dem Krebs nützen.

Krebs und Steinbock

Für den Steinbock ist der Krebs das siebte Zeichen. Für den kopflastigen Steinbock geht von dem sensiblen Krebs eine große Anziehungskraft aus. Will der Krebs ihn manipulieren, so richtet er sich gezielt an die häufig unterdrückten Gefühle des Steinbocks, die dieser als Schwäche betrachtet. Er bringt den Steinbock dazu, ihm seine intimsten Geheimnisse anzuvertrauen, um diese später gegen ihn zu verwenden.

Krebs und Wassermann

Seinen Freunden zu Liebe geht der Wassermann Kompromisse ein. Er ist nicht gerne alleine und braucht die Gesellschaft anderer. Der Krebs redet dem Wassermann erfolgreich ein, dass er zahlreiche Zugeständnisse machen muss, um nicht verlassen zu werden und alleine dazu stehen, eine der größten Ängste des Wassermanns. Der Wassermann weiß, dass es ihm oft an einer tiefen emotionalen Bindung zu seinen vielen Freunden und

Partnern mangelt. Er ist in der Lage, sie um sich zu scharen und für sich zu begeistern, auf oberflächlicher Ebene versteht er sich mit allen gut, doch tiefe Beziehungen fallen ihm eher schwer. Der Krebs kann sich diese Unsicherheit zu Nutze machen und den Wassermann dazu bringen, gegen sein Wesen zu handeln, doch das gelingt ihm für lange Zeit nicht, da der Wassermann dagegen rebellieren und dem Krebs gegenüber kalt wird.

Krebs und Fische

Krebs und Fische sind beides Wasserzeichen, deshalb haben sie viele Gemeinsamkeiten. Gefühle spielen für sie eine große Rolle. Eine Zusammenarbeit verspricht kreative Erfolge und eine Freundschaft kann sehr tief und innig sein. Der Krebs kann die Fische manipulieren, indem er ihm einredet, seinen Gefühlen noch mehr Bedeutung zuzumessen, als er es ohnehin schon tut. Er bestätigt ihn in jeder noch so irrationalen Regung und bekräftigt diese. So verlieren die Fische allzu leicht den Bezug zur Realität und können sich in fixen Ideen und Wahnvorstellungen verlieren.

Krebs und Widder

Der Widder will am liebsten stets mit dem Kopf durch die Wand. Der Krebs erkennt diesen Impuls und wird den Widder davon abhalten, indem er ihm Fragen stellt wie: „Was würde dein Vater dazu sagen?" oder „Wie kannst du das deiner Mutter antun?" Auf diese Weise bremst er den Widder aus und zwingt ihn dazu, sich selbst im Zaum zu halten. Das kann positiv sein, kann den Widder aber auch zu einem zahnlosen Tiger machen, der seinem eigenen Wesen entfremdet wird.

Krebs und Stier

Für den Stier ist der Krebs das dritte Zeichen. Die große Stärke des Krebses ist, dass er sehr genau zuhört. Zwischen den Zeilen liest er verborgene Sehnsüchte und Ängste heraus. Genau diese wird er gegen den Stier einsetzen, wenn er ihn zu manipulieren versucht. Beispielsweise kann er den Stier zu eifersüchtigem Verhalten anstacheln, indem er ihm einredet, der Partner würde mit anderen flirten und so dessen Beziehung zerstören.

Krebs und Zwillinge

Der Krebs begegnet dem Zwilling als dessen zweites
Zeichen. Eigentlich legt der Zwilling auf materielle Werte
nicht viel Wert, doch es ist Teil der Manipulation durch den
Krebs, diese Haltung zumindest vorrübergehend
aufzugeben. Der Krebs wird die richtigen Argumente wie die
Absicherung der eigenen Familie oder die Angst vor einem
Unfall nutzen, um den Zwilling dazu zu bringen, Geld für
Vorsorge und Versicherungen zu investieren.

5. Wie der Löwe manipuliert

Der Löwe strotzt nur so vor Kraft. Er ist mutig, laut und gerne der Anführer. Dafür erwartet er Anerkennung und Gefolgschaft. Er braucht die Gesellschaft anderer, um sich wohl zu fühlen, doch nur zu seinen Bedingungen. Diese kann er auch mittels Manipulation erreichen, obwohl dem Löwen eigentlich die direkte Auseinandersetzung lieber ist. Aufrichtigkeit und Ehrlichkeit haben für ihn hohen Wert und er wird stets lieber direkt angreifen, als sich in Tricks zu versuchen. Deshalb sind Manipulationsversuche durch Löwen leichter zu erkennen als bei anderen Zeichen. Als Zeichen des fünften Hauses steht er für Kreativität, Freude, Spaß und die Sonnenseite des Lebens. Für ihn ist das Leben eine Bühne, auf der es gilt, sich selbst darzustellen.

Löwe und Löwe

Zwei Löwen können sich respektieren, doch meistens ist in einer Gruppe nur Platz für einen Menschen mit diesem Sternzeichen. Wenn ein Löwe es darauf anlegt, einen anderen zu manipulieren, so wird er ihn zu einem regelrechten Wettstreit um Aufmerksamkeit herausfordern. Wer von beiden ist der großzügigere? Wer kann mehr Freunde um sich scharen? Mehr Frauen oder Männer für sich begeistern? Dieser Wettstreit wird alle Kapazitäten des anderen Löwen binden und ihn bald erschöpfen.

Löwe und Jungfrau

Für die Jungfrau ist der Löwe das 12. Zeichen und er weckt bei ihr im wörtlichen Sinne Urängste. Sie fürchtet, von ihm gefressen, mit Haut und Haar verschlungen zu werden. Diese Angst macht sich der Löwe zu Nutze, in dem er sie einschüchtert, sowohl verbal als auch körperlich. Die Jungfrau steht nicht gerne im Rampenlicht, zu viel Aufmerksamkeit verunsichert sie. Der Löwe überrollt sie mit seinem lauten Gebrüll regelrecht, seine Gegenwart ist ihr häufig unangenehm, obwohl sie nicht weiß, warum.

Löwe und Waage

Der Löwe begegnet der Waage als 11. Zeichen. Die beiden verbindet ihr ausgeprägter Humorsinn und Geselligkeit, so dass sie häufig gute Freunde sind. Der Waage macht es nichts aus, dass der Löwe stets im Mittelpunkt der Aufmerksamkeit stehen muss, so dass sie sich selten in die Quere kommen.

Löwe und Skorpion

Löwen können sehr unangenehme Chefs sein, davon wissen die Skorpione ein Lied zu singen. Weil die Löwen aber für Schmeicheleien so anfällig sind, sind es in dieser Beziehung meistens die Skorpione, die die Löwen manipulieren. Sie wissen, dass sie als Angestellte oder Untergebene im offenen Kampf mit dem Löwen nur verlieren können, deshalb agieren sie subtil und im Hintergrund.

Löwe und Schütze

Sinnstiftung, das Motto des neunten Zeichens, hat für den Schützen eine große Bedeutung. Er belehrt andere gerne, lässt aber nicht gerne selbst belehren. Das kann zu Konflikten mit dem Löwen führen. Der Löwe hat jedoch genug Selbstbewusstsein, um auf seinem Standpunkt zu bestehen und so den Schützen dazu anzuregen, seinen eigenen Wissenshorizont durch die Begegnung mit dem Löwen zu erweitern.

Löwe und Steinbock

Durch seine Zielstrebigkeit und seinen Fleiß tut der Steinbock alles, um Krisen zu vermeiden. Dabei vernachlässigt er häufig die Herzensangelegenheiten. Trifft er auf den Löwen, so erlebt er häufig, dass sich seine Gefühle auf unkontrollierte Art und Weise Bahn brechen, was durch das Verhalten des Löwen noch befeuert wird. Der Löwe wird den Steinbock dazu bringen, seine Ziele aus den Augen zu verlieren und sich in emotionalen Angelegenheiten zu verstricken, die schlussendlich eine schmerzhafte Niederlage sowohl beruflicher als auch privater Natur nach sich ziehen können. Das heftig ausgedrückte Begehren des Löwen wirkt auf den Steinbock wie eine Droge, der er sich nicht entziehen kann.

Löwe und Wassermann

In dieser Verbindung begegnen sich zwei im Tierkreis zueinander gegenüberliegende Zeichen und genau diese gegensätzliche Wirkung haben sie auch aufeinander. Es ist schwer, festzustellen, wer die größere manipulative Kraft auf den anderen hat, denn sie begehren sich gegenseitig und haben eine schier unwiderstehliche Anziehungskraft aufeinander. Der Löwe kann den Wassermann manipulieren, in dem er ihn ständig in den Schatten stellt oder in laute, öffentliche Streitigkeiten verwickelt, die dem Wassermann sehr unangenehm sind. Die gegenseitige Anziehungskraft kann in schlagartige Ablehnung umschlagen, wenn sich einer von beiden durch den anderen betrogen fühlt. Typische Vorwürfe des Löwen an den Wassermann sind: „Du willst nur mein Geld" oder „Ohne mich wärst du nichts."

Löwe und Fische

Hier kann der Löwe nicht viel ausrichten. Er bewundert die Fische für ihre freundliche und mitfühlende Art. Fischen fällt es nicht schwer, Kompromisse einzugehen, doch in der Begegnung mit ihrem sechsten Zeichen, dem Löwen, wird ihnen allzu viel abverlangt. Alle vermeintlichen Kompromisse dienen nämlich in Wirklichkeit nur dem Löwen. Er wird diese Kompromisse aufgrund seiner vielfältigen Bedürfnisse mit einer Vehemenz einfordern, der die Fische nichts entgegen zu setzen haben und sich in einer Beziehung immer mehr Raum nehmen, als er bereit ist, dem Partner zuzugestehen.

Löwe und Widder

It's party time! So könnte das Motto dieser Beziehung stehen. Löwe und Widder machen zusammen die Nacht unsicher oder brechen zu Weltreisen auf. Sie finden miteinander genau jenen Gefährten, die sie für ihre Abenteuer brauchen. Der Löwe hat dem Widder gegenüber aber einen Vorteil: Seine Anziehungskraft auf andere ist größer als die des Widders und das wird er den Widder bei jeder Gelegenheit spüren lassen. Er wird sich nicht aus Rücksicht zurücknehmen.

Löwe und Stier

Der Stier ist der traditionsbewusstere in dieser Beziehung. Aus diesem Grund ist es für den Löwen eher schwer, den Stier auf dieser Ebene zu manipulieren. Will der Löwe den Stier manipulieren, so läuft er diesem den Rang bei den engsten Verwandten und Freunden ab, so dass der Stier vor Eifersucht schier außer sich gerät. Ganz selbstverständlich wird der Löwe sich als ein Familienmitglied ausgeben und damit den wundesten Punkt des Stieres treffen.

Löwe und Zwilling

Auf kommunikativer Ebene ist der Zwilling eigentlich dem Löwen überlegen. Will der Löwe ihn manipulieren, bleibt ihm nur die Flucht nach vorne. Er wird sich die Widersprüchlichkeiten des Zwillings zu Nutze machen und ihn mittels derer regelrecht vorführen. Beispielsweise wird er ihm bei einer Diskussion vorhalten: „Aber gestern hattest du noch die und die Ansicht" und dem Zwilling so die Möglichkeit verwehren, Dinge differenziert und sogar ambivalent zu betrachten, was eine der großen Stärken des Zwillings ist. Der Löwe wird ihn auf eine Haltung festnageln und jedes Abweichen davon als argumentative Schwäche auslegen.

Löwe und Krebs

Für den Krebs ist der Löwe das zweite Zeichen. Dem Löwen dienen materielle Werte um seinen Status hervorzuheben, er hat gerne Geld, um es ebenso gerne und für alle sichtbar wieder auszugeben. Der Krebs ist seinem Wesen nach ein wahrer Materialist, deshalb geht er dem Löwen ganz gerne an die Angel. Außerdem legt der Krebs viel Wert auf Gefühle. Der Löwe wird den Krebs manipulieren, in dem er diese Werte immer wieder abwertet und sogar in das Lächerliche zieht, was den Krebs sehr verunsichern kann.

6. Wie die Jungfrau manipuliert

Jungfrauen sind vernunftgesteuerte Menschen mit großem Ordnungssinn und Organisationstalent. Sie verlieren nicht gerne den Überblick über eine Situation und zeigen sich als verantwortungsvoll und zuverlässig. Im Umgang mit anderen sind sie oft eher zurückhaltend, was jedoch nicht mit Schwäche verwechselt werden sollte. Sie sondieren Situationen gerne, bevor sie handeln. Es fällt ihnen leicht, die Absichten anderer zu durchschauen, weshalb sie auch ein Händchen für Manipulationen haben. Die Jungfrau steht dem sechsten Haus vor, das alles symbolisiert, was mit der Bewältigung des Alltags zu tun hat: Arbeit, Haushalt, dem Bezahlen von Rechnungen, Versicherungen, Körperpflege, Erhaltung der Gesundheit, gesellschaftliche Verpflichtungen und Steuern.

Jungfrau und Jungfrau

Für beide ist diese Beziehung das Paradies. Nichts stört ihre Routine und ihre Ordnung, die immer wieder gleich ablaufenden Prozesse geben Sicherheit. Das zeichnet zugleich auch die manipulative Kraft des ersten Zeichens aus. Leben bedeutet Entwicklung und Wachstum und beides kann nur stattfinden, wenn man auch bereit ist, jenseits von starrer Ordnung und Gewohnheit zu denken. Eine Jungfrau kann die andere in ihrer Entwicklung erstarren lassen, indem sie sie in einen Trugschluss aus Bestätigung und Selbstgerechtigkeit verwickelt.

Jungfrau und Waage

Für die Waage ist die Jungfrau ein geheimnisvolles Wesen. Sie bewundert deren Ordnungssinn und ihr Sachverständnis. Allzu gerne erklärt die Waage die Jungfrau zum Berater in allen Lebensfragen und hört widerspruchslos auf deren Anweisungen, eine Position, die die Jungfrau bereitwillig ausnutzt. Dabei handelt die Jungfrau in dem Gedanken, dies sei nur zum Besten der Waage. Es besteht die Gefahr, dass die Waage unselbstständig und abhängig wird.

Jungfrau und Skorpion

Dem Skorpion begegnet die Jungfrau als elftes Zeichen. Tatsächlich freunden sich Menschen dieser beiden Zeichen gerne miteinander an. Wenn die Jungfrau den Skorpion manipulieren will, so versteht sie sich darauf, ihm Gift über

seine anderen Freunde einzuflüstern, bis der Skorpion blind
um sich schlägt.

Jungfrau und Schütze

Als Vorgesetzte können Jungfrauen sehr anstrengend sein.
Pingelig überwachen sie die Ausführung von Aufgaben und
haben keinerlei Toleranz für Fehler. Wollen sie den Schützen
manipulieren, so brauchen sie nur sein Ehrgefühl zu kitzeln.
Sieht sich der Schütze beispielsweise als Experte oder
Fachmann für ein bestimmtes Gebiet, wird es ihn sehr
treffen, wenn die Jungfrau jemand anderes für eine
entsprechende Aufgabe vorschlägt. Er wird sich doppelt in
das Zeug legen, um seine bessere Eignung zu beweisen.

Jungfrau und Steinbock

Für den Steinbock ist die Jungfrau das neunte Zeichen. Beide
lieben es, Ordnung zu halten, und Ziele zu verfolgen.
Deshalb kann aus der Begegnung eine fruchtbare und sehr
dauerhafte Partnerschaft oder Zusammenarbeit entstehen.
Das manipulative Potenzial der Jungfrau auf den Steinbock
basiert auf der Sturheit des Steinbocks, die die Jungfrau

mühelos als seine Schwäche erkennt. Sie wird es verstehen, ihn auf eine bestimmte Fährte zu setzen, von der er nicht mehr abweichen wird, ganz gleich wie groß der Gegenwind ist. Das gibt der Jungfrau freie Hand, um sich selbst als erfolgreicher und beliebter darzustellen.

Jungfrau und Wassermann

Die Jungfrau als achtes Zeichen symbolisiert für den Wassermann alles, woran er scheitert: Ordnung, Kontinuität, feste Abläufe. Aus einer Begegnung mit einer Jungfrau kann der Wassermann also viel lernen, wenn er bereit ist, Ratschläge von ihr anzunehmen. Weil der Wassermann aber nicht in der Lage ist, selbst Ordnung in sein Leben zu bringen, ist das ein großes Einfallstor für Manipulationen durch die Jungfrau. Sie kann in einem Krisenmoment die vollständige Kontrolle über das Leben des Wassermanns einnehmen und das mit seiner eigenen Unfähigkeit begründen.

Jungfrau und Fische

Die Emotionalität der Fische hat eine verwirrende und anziehende Wirkung auf die Jungfrau. Zwar begibt sie sich nicht gerne in unbekannte Gewässer, die Fische bringen sie aber dazu, eine Ausnahme zu machen. Die Jungfrau kann die Fische manipulieren, indem sie sie dazu bringt, Dinge nicht mehr nach dem Gefühl, sondern nur noch unter dem Aspekt der Ordnung zu betrachten. Beispielsweise wird sie den Fischen einreden, dass es wichtiger ist, an einer bestimmten Routine festzuhalten, als einem Gefühl zu folgen.

Jungfrau und Widder

Traditionen geben der Jungfrau Sicherheit. Sie sind Teil der Ordnung, innerhalb derer sie sich gerne bewegt. Da der Widder ihr achtes Zeichen ist, ist seine manipulative Kraft auf sie stärker, als umgekehrt. Sie kann versuchen, den Widder zu manipulieren, in dem sie ihn verunsichert, etwa mit Bemerkungen wie „Das macht man nicht" oder „Was sollen die Leute denken?".

Jungfrau und Stier

Für den Stier ist die Jungfrau das fünfte Zeichen. Sie wird gerne einen Stier zu ihrem Partner erwählen und beide werden einander ergänzen. Will sie den Stier manipulieren, so wird sie ohne jede Abstriche auf Ordnungen und Ritualen bestehen, an denen der Stier sich mit der Zeit aufreibt.

Jungfrau und Zwilling

Wenn es um Ordnung geht, macht die Jungfrau keine Kompromisse. Der Zwilling lässt ihr aber keine andere Wahl, schon weil er als ihr zehntes Zeichen häufig als ihr übergeordnet auftritt. Die Launenhaftigkeit des Zwillings bringt die Jungfrau aus dem Takt. Sie kann ihn allerdings austricksen, in dem sie lernt, auch in seine Unberechenbarkeit ein System zu bringen und ihm immer einen Schritt voraus zu sein, beispielsweise in dem sie sich klarmacht, was die Auslöser für die wechselnden Launen des Zwillings sind und wie man sie verändert.

Jungfrau und Krebs

Dem Krebs sind Harmonie und gegenseitiges Verständnis wichtig. Weil er weiß, wie viel der Jungfrau an ihren festen

Routinen liegt, lässt er sie gewähren, auch wenn für ihn dieser Aspekt weniger wichtig ist. Das macht es für die Jungfrau leicht, ihn zu manipulieren und so ihre eigenen Bedürfnisse über die des Krebses zu stellen. Erfüllt er ihre Erwartungen nicht, so wird sie ihm zum Beispiel in einer Partnerschaft vorwerfen, er würde sie nicht lieben, sonst würde er a) den Müll öfter runterbringen oder b) die Treppe kehren.

Jungfrau und Löwe

Die Jungfrau weiß, dass Geld für den Löwen eine große Bedeutung hat, schon, weil er damit anderen imponieren kann. Diese Schwäche wird sie geschickt ausnutzen, um den Löwen für ihre Zwecke zu manipulieren. Sie wird ihn mit Geld ködern, damit er sich ihren Vorstellungen entsprechend verhält oder ihn mit teuren Geschenken verwöhnen.

7. Wie die Waage manipuliert

Waagen haben einen ausgeprägten Gerechtigkeitssinn. Sie ertragen es nicht, wenn andere ungerecht behandelt werden und setzen sich persönlich dafür ein, dass das Unrecht bekämpft wird. Harmonie mit der Umwelt sind sie für sie besonders wichtig. Einen anderen Menschen bewusst zu manipulieren steht im Widerspruch zum Gerechtigkeitssinn der Waage, doch wenn die Manipulation der Wiederherstellung der Harmonie dient, sind sie durchaus bereit, auch zu diesen Mitteln zu greifen. Waagen haben einen ausgleichenden Charakter, so dass ihr Einfluss auf andere Menschen oft eher positiv ist. Sie stehen für das siebte Haus, in dem es um Partnerschaften, Anziehung, aber auch Liebe zu Kunst geht. Ein wichtiges Thema der Waage ist, sich selbst im Spiegel der anderen zu erkennen oder aber anderen einen Spiegel vorzuhalten.

Waage und Waage

Wie stets beim ersten Zeichen, ist dieses Verhältnis von Harmonie geprägt. Beiden ist das Schöne, Gute und Wahre im Leben wichtig und sie verabscheuen Streitigkeiten und Konflikte. Nicht immer aber lassen sich Konflikte vermeiden und es ist wichtig, sich diesen auch zu stellen.

Die manipulativen Fähigkeiten der verschiedenen Sternzeichen

Eine Waage kann die andere manipulieren, indem sie sie dazu bringt, Konflikten so lange auszuweichen, bis diese nicht mehr lösbar sind.

Waage und Skorpion

Für den Skorpion ist die Waage das 12. Zeichen. Der Skorpion geht keinem Konflikt aus dem Weg und kann sogar rachsüchtig sein. Von der Waage kann er lernen, diese Impulse abzulegen. Da die Waage sein 12. Zeichen ist, kann sie ihn besonders leicht manipulieren. Er versteht ihr Streben nach Harmonie und Ausgeglichenheit nicht, sie kann ihm aber das Gefühl vermitteln, dass ihr Verhalten das bessere und erfolgreichere ist. Ein typischer Satz in dieser Konstellation ist: „Musst du immer mit jedem Streit anfangen?"

Waage und Schütze

Dem Schützen begegnet die Waage als elftes Zeichen. Es wundert also nicht, dass diese beiden gut miteinander auskommen und sogar Freunde sein können. Dem Schützen sind moralische Aspekte und sein eigenes Ehrgefühl wichtig, was im Einklang mit dem Streben nach Gerechtigkeit stehen kann. Will die Waage den Schützen manipulieren, so wird sie ihm moralischen Verfall vor Augen führen, wo gar keiner ist, was dazu führt, dass der Schütze sich vor anderen ereifert und als selbstgerecht erscheint.

Waage und Steinbock

Wenn es um Geschäftsbeziehungen geht, harmonieren Waage und Steinbock gut miteinander. Die Waage schätzt die Zuverlässigkeit des Steinbocks und dieser umgekehrt deren Gerechtigkeitssinn. Die Waage kann den Steinbock jedoch manipulieren, in dem sie ihn ständig mit anderen vergleicht und zahlreiche Auszeichnungen und Beförderungen in Aussicht stellt. Der Steinbock wird alles tun, um diese zu erreichen.

Waage und Wassermann

Für den Wassermann ist die Waage das neunte Zeichen. In der Beziehung dieser beiden Zeichen geht es also um Wissenserweiterung. Der Wassermann hat, aufgrund des Umstands, dass er ein Luftzeichen ist, eine gute Einstellung dazu, und liebt grenzenlose Diskussionen und Meinungsaustausch. Das kann sich die Waage zu Nutze machen, indem sie Interesse vorgibt, um dem Wassermann zu schmeicheln und so mehr über ihn zu erfahren.

Waage und Fische

Äußere Probleme wie Geldsorgen, Kündigungen oder die Krankheit eines Angehörigen stürzen die Fische in tiefe Krisen, aus denen sie sich selbst nur schwer zu helfen weiß. Die Waage kann ihm dabei helfen, den inneren Kompass wiederzufinden und auf die Füße zu kommen, sie kann ihn aber auch manipulieren, in dem sie die Situation als dramatischer darstellt als sie ist. So werden sich die Fische hilfesuchend an die Waage wenden und bereitwillig tun, was sie vorgibt.

Waage und Widder

Die beiden sind füreinander das siebte Zeichen, eine Beziehung, die von großer Anziehungskraft geprägt ist. Deshalb ist es gerade in dieser Verbindung für die Waage sehr wichtig, Harmonie herzustellen. Möchte sie den Widder dennoch manipulieren, so tut sie das, weil sie ihm eine Lehre erteilen will, nicht immer gleich voran zu preschen. Ein Mittel dazu ist, dem Widder eine Idee einzuflüstern, mit der er versucht, sich in den Mittelpunkt der Aufmerksamkeit zu stellen, allerdings zwangsläufig auf der Nase landet.

Waage und Stier

Die manipulative Kraft des Stiers auf die Waage ist stärker als umgekehrt, doch die Waage kann den Stier dazu bringen, effizienter und anpassungsfähiger in vielen Angelegenheiten zu werden, um ihr Harmoniebedürfnis zu erfüllen. Beispielsweise regt sie an, auf bestimmte Aspekte seines Lebenswandels zu verzichten und in Genusssachen kürzer zu treten. Sie kann ihn auch dazu auffordern, sich mehr für Angelegenheiten einzusetzen und für die Gerechtigkeit Partei zu ergreifen, obwohl das nicht unbedingt die Sache des Stiers ist.

Waage und Zwilling

Der Zwilling inspiriert und beflügelt die Waage. Er bringt sie dazu, neue Interessensgebiete zu entdecken und sich kreativ zu verwirklichen. Eine Waage kann einen Zwilling beeinflussen, in dem sie sich als bereitwilliger Protegé ausgibt, der die neuen Impulse förmlich aufsaugt, nur um diese Ideen im Anschluss abzuwerten und zu kritisieren.

Waage und Krebs

Für den Krebs ist die Waage das vierte Zeichen. Sie verkörpert für ihn traditionsbewusstes und wertekonservatives Verhalten. Für den Krebs als Einsiedler haben diese Werte einen hohen Stellenwert, was die Waage geschickt für sich einzusetzen weiß. Dabei spielt sie mit den Ängsten des Krebses vor emotionalen Verletzungen. So kann sie ihm beispielsweise erklären, das man bestimmte Dinge so oder so tun muss, um andere nicht gegen sich aufzubringen oder deren Gefühle nicht zu verletzen und als einzige Legitimation dafür vorbringen, dass man das eben schon immer so mache, ein Argument von großer Überzeugungskraft.

Waage und Löwe

Im Bereich der Kommunikation ist die Waage dem Löwen haushoch überlegen. Sie kennt die Spielregeln erfolgreicher Kommunikation und wird sie gezielt einsetzen, um das überschäumende Temperament des Löwen zu bändigen. Sprache ist ein mächtiges Instrument und Wortwahl, Tonfall und Inhalt bestimmen, wie wir auf Gesprochenes reagieren. So wird die Waage Ereignisse, die den Löwen aufregen, bewusst abschwächen und verharmlosen oder sogar ganz verschweigen.

Waage und Jungfrau

Waage und Jungfrau gehen oft Geschäftsbeziehungen miteinander ein, da sie sich gut ergänzen. Die Kraft der Jungfrau über die Waage ist größer als umgekehrt, was nicht heißt, dass die Waage die Jungfrau nicht auch beeinflussen kann. Dabei nutzt sie aus, dass Jungfrauen ihre vertrauten Abläufe nur ungern aufgeben. Die Waage kann unangenehme Störungen abfangen und sich so unentbehrlich für die Jungfrau machen.

8. Wie der Skorpion manipuliert

Skorpione sind sehr leidenschaftliche Menschen, für die das Prinzip „Alles oder Nichts" prägend ist. Uneindeutigkeit, Zwischentöne oder Heucheleien ertragen sie nicht, sie kämpfen, wenn es sein muss, bis zum Tod dafür, dass die Wahrheit an das Licht kommt und andere um sie herum Stellung beziehen. Kein Wunder also, dass sie dem achten Haus vorstehen. Begegnungen mit ihnen sind für jedes Sternzeichen eine besondere Herausforderung, denn hier werden liebgewonnene Prinzipien und Verhaltensweisen auf Herz und Nieren geprüft.

Skorpion und Skorpion

Wie immer beim ersten Zeichen zeigt sich hier ein tiefes gegenseitiges Verständnis und eine weltanschauliche Übereinkunft. Leider reicht das nicht immer aus, um auch ein harmonisches Verhältnis zwischen zwei Skorpionen zu gestalten. Da beide absolute Aufrichtigkeit verlangen und nur wenig diplomatisch sind, kann es zu ernsthaften Konflikten kommen. Ein Skorpion manipuliert den anderen, in dem er ihn entweder aus der Reserve lockt, in dem er ihn bewusst hintergeht – das schlimmste Vergehen für den Skorpion, für den es nur Freund oder Feind, ganz oder gar nichts gibt, oder aber dessen Streitlust reizt, so dass der Skorpion sich in sinnlosen und nervenaufreibenden Konflikten verliert.

Skorpion und Waage

Für die Waage ist der Skorpion das zweite Zeichen. Sie begegnen sich auf der materiellen Ebene des Selbstwertes, Besitz und des Sicherheitsbedürfnisses. Hier geht es um die Verwurzelung in der greifbaren Welt. Der Waage ist materieller Besitz nicht sehr wichtig, für sie zählen ideelle und ästhetische Werte mehr. Dennoch hat sie ein, häufig gut verstecktes, großes Sicherheitsbedürfnis, was ihre materielle Umwelt angeht. Will der Skorpion sie manipulieren, so setzt er genau da an. Er zeichnet Bedrohungsszenarien für die Sicherheit, redet der Waage Geldsorgen ein, die gar nicht existieren und baut auf ihre Unfähigkeit, Probleme gezielt anzugehen.

Skorpion und Jungfrau

Jungfrauen zeichnen sich durch ihre Ernsthaftigkeit und Zielstrebigkeit aus. Sie lernen gerne, aber nicht um des

Lernens willen, sondern weil sie damit ein Ziel verfolgen. Auch überflüssige Kommunikation wie Smalltalk ist ihnen zu wider. Der Skorpion kann die Jungfrau manipulieren, indem er sie in offene Kommunikationsschlachten verwickelt, am liebsten vor Publikum. Die Jungfrau verabscheut es, sich auf ungewisses Terrain zu begeben und unvorbereitet in solche Situationen zu geraten. Der Skorpion kann aber durchaus auch einen positiven Einfluss auf die Jungfrau haben, indem er sie die Lust am Lernen um des Lernens willen lehrt.

Skorpion und Löwe

Der Skorpion begegnet dem Löwen als viertes Zeichen. Hier geht es um Familie und Herkunft. Dem Löwen ist seine Familie sehr wichtig, gerne gibt er sich großzügig und als starker Beschützer. Dafür verlangt er allerdings auch Loyalität und Anerkennung. Will der Skorpion den Löwen manipulieren, so fordert er dessen Beschützerinstinkt für die Familienehre heraus. Der Löwe kann gar nicht anders, als diese Herausforderung anzunehmen, aufgrund seines heißen Temperaments ist der dem kampfeserfahrenen Skorpion allerdings häufig unterlegen. Dem Skorpion gelingt es, den Löwen regelrecht aufzustacheln, bis ihm enge Freunde und

Verwandte die Gefolgschaft versagen, was den Löwen sehr betrübt und an dessen Selbstwert kratzt.

Skorpion und Krebs

Dem Krebs ist der Skorpion das fünfte Zeichen. Sie begegnen sich auf einem Terrain, auf dem sich beide nicht immer ganz wohl fühlen. Es geht um Gesclligkeit, Lebensfreude und Genuss, aber auch um das Oberflächliche. Dem Skorpion sind Zusammenhänge dieser Art suspekt, weil sie zu viel Uneindeutigkeit beinhalten, der Krebs kann sie durchaus genießen, allerdings sind schnelle und oberflächliche Freundschaften für ihn nicht das Rechte. Er sucht tiefe und dauerhafte Beziehungen zu anderen Menschen. Wenn der Skorpion den Krebs manipulieren will, so isoliert er ihn von Bekannten und losen Freundschaften, in dem er behauptet, diese seien alle durch Heucheleien und Oberflächlichkeit geprägt. Das liegt am Unvermögen des Skorpions zu erkennen, dass es im Kontakt mit anderen Menschen mehr als Freund oder Feind, Schwarz oder Weiß gibt sondern durchaus auch Zwischentöne. Weiter kann der Skorpion den Krebs manipulieren, indem er dessen Neigung verstärkt, sich in Traumwelten und Luftschlössern zu verlieren und so den Blick für die Wirklichkeit aufzugeben.

Skorpion und Zwillinge

Zwillinge zeichnen sich durch eine hohe geistige Beweglichkeit und Freude am Denken aus. Die immer gleichen und oft mühseligen Anforderungen des Alltags sind ihm zuwider, die Lebensrealität zwischen Broterwerb, Haushalt und Verpflichtungen erscheint ihm oft banal und einengend. Zugleich weiß der Zwilling aber, dass sein Leben oft durch Richtungslosigkeit und mangelnde Zielstrebigkeit geprägt ist. Der Skorpion kann dem Zwilling vermitteln, dass die Lösung dieser Probleme sich in der Fokussierung auf die Bewältigung von Alltagsproblemen findet. Damit beraubt er den Zwilling seiner geistigen Beweglichkeit und der Stärke, in großen Zusammenhängen und sogar visionär zu denken.

Skorpion und Stier

Skorpion und Stier sind einander das jeweils siebte Zeichen. Zwischen den beiden sprühen regelrecht die Funken, besonders auf sexueller Ebene fackeln diese beiden ein Feuerwerk ab. Dem Stier wird die Streitlust des Skorpions jedoch leicht zu viel. Will der Skorpion den Stier manipulieren, so stachelt er dessen Eifersucht an, verwickelt ihn in unberechenbare Streitgespräche und stürzt den Stier so in ein emotionales Durcheinander. Es bedarf einiger

Anstrengung, den gutmütigen Stier aus seiner Reserve zu locken, doch dem Skorpion gelingt das.

Skorpion und Widder

Für den Widder ist der Skorpion das achte Zeichen und damit das mit der größten manipulativen Kraft auf ihn. Der Widder prescht gerne voran und hasst es, zur Untätigkeit verdammt zu werden. Probleme packt er am liebsten direkt an und kann nur selten darauf vertrauen, dass sie sich auch von selbst lösen. Der Skorpion als Manipulator verstärkt diese Tendenz noch. Unüberlegtes Handeln kann Probleme aber noch verschärfen, anstatt sie zu lösen und manchmal ist diplomatisches Vorgehen richtig, zu dem weder Skorpion noch Widder in der Lage sind.

Skorpion und Fische

Fische zeichnen sich durch ihre Feinfühligkeit und ihre Gleichmäßigkeit aus. Sie haben zwar ihre Ansichten zu Themen wie Religion und Philosophie, doch es ist für sie nicht wichtig, diese in Streitgesprächen durchzusetzen. Genau diese Differenziertheit läuft den Meinungen des

Skorpions zuwider. Das kann zum einen entsprechende Konflikte zur Folge haben, zum anderen aber auch den Rückzug der Fische vor dem Skorpion bedeuten, da ihm dessen forsche Haltung fremd ist. Es kann dem Skorpion gelingen, die Fische zu manipulieren, in dem sie dessen Zurückhaltung in Glaubens- und Religionsfragen als feige umdeuten und die Fische so isolieren. Isolation ist für Fische die schlimmste Strafe und ein wirksames Manipulationsmittel.

Skorpion und Wassermann

Wassermänner lieben Extreme. Sie wollen das Leben mit all seinen Höhen und Tiefen voll auskosten. Freiheit ist ein hohes Gut für den Wassermann. Auch in beruflicher Hinsicht braucht er viel Freiraum und es fällt ihm eher schwer, sich unterzuordnen. Skorpione wiederum können sehr dominante Vorgesetzte sein, ob nun im Beruf, in Vereinen oder in der Politik. Wenn sie als solche einen Wassermann manipulieren wollen, so müssen sie ihn lediglich mit sinnlosen Aufgaben überhäufen, zu deren Erledigung er aufgrund der herrschenden Hierarchie verpflichtet ist. Der Wassermann wird bald aufgeben und das Weite suchen.

Skorpion und Steinbock

Zwischen Skorpionen und Steinböcken können gute Partnerschaften und Freundschaften entstehen, denn sie sind einander ebenbürtig. Allerdings hat der Steinbock dem Skorpion gegenüber einen Vorteil: Er ist eher sachlich und nüchtern und fährt nicht leicht aus der Haut. Er wählt die Schlachten, in die er sich begibt sorgfältig. Der Skorpion hingegen kann einem Streit nur selten widerstehen und ist bei Konflikten leidenschaftlich. Entschließen sich Skorpion und Steinbock zu einer Kooperation, kann daraus etwas Erfolgreiches entstehen, allerdings nur, wenn es dem Steinbock gelingt, den Skorpion zu bändigen. In einer Freundschaft ist das durchaus möglich. Der Skorpion als elftes Zeichen für den Steinbock kann den Steinbock dazu bringen, andere Menschen nicht nur nach ihrer Leistungsfähigkeit zu beurteilen, sondern sie so zu akzeptieren, wie sie sind. Versucht er ihn zu manipulieren, so wird er sich zu Nutze machen, dass für den Steinbock Selbstdisziplin und Fleiß über allem stehen. Er wird sich als Freund des Steinbocks ausgeben und diesen für sich arbeiten lassen, in dem er ihn für seine Leistungen bewundert und ihm erklärt, dass niemand bestimmte Aufgaben so gut bewältigen könnte wie der Steinbock.

Skorpion und Schütze

Für den Schützen ist der Skorpion das zwölfte Zeichen. Der Schütze bewundert den Skorpion für dessen Kompromisslosigkeit, und dass er sich im Zweifel auch nicht darum schert, was andere über ihn denken. Für den Schützen sind sein persönliches Ansehen und seine Stellung in der Gesellschaft von großer Bedeutung. Er neigt dazu, seine Beziehungen zu anderen Menschen zu idealisieren. Deshalb wird es ihm auch nicht leicht fallen, den Skorpion zu durchschauen, wenn dieser ihn manipulieren möchte. Der Skorpion hat gute Karten, wenn er dem Schützen den Eindruck vermittelt, er habe aufgrund seiner Prinzipientreue das Recht, anderen gegenüber verletzend und rücksichtslos gegenüber aufzutreten, eine Neigung, die bereits im Wesen des Schützen angelegt ist und durch den Skorpion noch verstärkt werden kann.

9. Wie der Schütze manipuliert

Schützen sind sehr aktive Menschen, die sich vor allem in geistigen Herausforderungen gern bewähren. Prinzipientreue und Anerkennung sind ihnen sehr wichtig. Sie neigen zu Impulsivität und Idealisierung, sind zugleich aber großzügig und widmen sich vielfältigen Interessen. Das neunte Haus, das sie repräsentieren, steht für geistige Ideale, für die Beschäftigung mit Philosophie, Moral und Religion. „Was macht ethisch korrektes Handeln aus?" oder „Bin ich ein guter Mensch?" sind typische Fragen, die sich der Schütze stellt.

Schütze und Schütze

Schütze und Schütze begegnen sich als Gleichgesinnte. Jeder erkennt im anderen sich selbst. Da ist es leicht, die Beziehung und auch sich selbst zu idealisieren und dabei die Bodenhaftung zu verlieren. Schnell reden sie sich gegenseitig ein, dass niemand moralisch korrekter handelt als sie selbst und rechtfertigen so ein überlegenes bis herablassendes Handeln anderen gegenüber. Wenn ein Schütze beabsichtigt, einen anderen zu manipulieren, so ist der einfachste Weg dazu, diesem den Rang als moralischen Kompass in einer Gruppe, einer Familie oder einem Unternehmen abzulaufen.

Der andere Schütze wird diese Kränkung seines Selbstwertgefühles nicht leicht hinnehmen.

Schütze und Steinbock

Für den Steinbock ist der Schütze das 12. Zeichen. Wie stets in dieser Konstellation geht es um eine geheimnisvolle Anziehungskraft, um Spiritualität und die Auseinandersetzung mit letzten Dingen. Der Steinbock wird den tatkräftigen Schützen und seine moralische Überzeugung faszinierend finden, denn ihm selbst liegt es eher fern, für ein Prinzip in die Schlacht zu reiten. Auch Glaubensfragen und Spiritualität spielen für den Steinbock eher eine nebensächliche Rolle. Der Schütze kann den Steinbock dazu bringen, sich mit diesen Aspekten des Lebens zu beschäftigen. Allerdings verlässt der Steinbock damit das für ihn so wichtige Terrain gesicherter Tatsachen und eindeutiger Antworten, was ihn verwirrt und anfällig macht für Täuschungen. Der Schütze kann ihm gegenüber nun als Guru auftreten, der ihm in allen spirituellen Fragen überlegen ist und sich als geistiger Führer anbietet, wo ihm für jede Manipulation Tür und Tor offen stehen.

Schütze und Wassermann

Der Einfluss des Schützen auf den Wassermann als dessen elftes Zeichen ist gering, denn hier geht es um das Thema Freundschaft, das ebenfalls das beherrschende Thema im Haus des Wassermanns ist. Gleichzeitig geht es um Ideale, Hoffnungen und das Träumen von einer besseren Zukunft. Im Bereich der Ideale begegnen sich Schütze und Wassermann häufig als Gleichgesinnte. Der Schütze tritt oft als Unterstützer des Wassermanns in dessen Anliegen auf, hilft ihm mit Geld oder Kontakten. Genau hier liegt auch der Schlüssel zu Manipulation des Wassermanns durch den Schützen: Der Wassermann wird sich aus Dankbarkeit zu Gefälligkeiten verpflichtet sehen, die ihm eigentlich widerstreben.

Schütze und Fische

Aufgrund ihrer Veranlagung liegt Fischen beruflicher Ehrgeiz eher fern. Sie streben Verbundenheit und Harmonie mit anderen Menschen an und legen kein Konkurrenzdenken an den Tag. Sie fühlen sich in andere hinein und werden deshalb daran gehindert, gegen deren Interessen zu handeln. Dem Schützen kann es deshalb nur allzu leicht gelingen, die Fische zu manipulieren, so dass diese ihren eigenen Lebensweg nicht mehr verfolgen und ihre ganze Arbeitskraft in den Dienst des Schützen stellen. Dabei kann der Schütze an die Hilfsbereitschaft der Fische appellieren, etwa mit Aussagen wie „Ich schaffe es nicht ohne dich" oder „Ich brauche dich". Gleichzeitig kann sich der Schütze darauf verlassen, dass Fische einem Konflikt mit ihnen lieber aus dem Weg gehen und damit auch die Verfolgung eigener Ziele aufgeben. Wenn der Schütze die Fische also mit Streit oder Kontaktabbruch bedroht, wird er sich fast immer durchsetzen können.

Schütze und Widder

Auf den Widder hat der Schütze einen besonders starken Einfluss, denn hier geht es um den Bereich, der seinem Wesen am besten entspricht: Weltanschauung, Religion und Philosophie. Der Widder ist häufig zu ungeduldig, um sich mit diesen Aspekten des Lebens zu beschäftigen. Der Kontakt zu einem Schützen kann sein Leben in dieser Hinsicht sehr bereichern, allerdings kann der Schütze das Temperament des Widders auch dazu missbrauchen, für ihn Konflikte auszutragen, während der Schütze selbst lieber im Hintergrund bleibt. So nimmt sein Ansehen in der Gesellschaft keinen Schaden, während der Widder oft einige

Blessuren davontragen muss, ohne überhaupt genau zu verstehen, wie ihm da geschah. Eine Manipulation kann so aussehen, dass der Schütze dem Widder ein tatsächliches oder vermeintliches Unrecht drastisch vor Augen führt und diesen so dazu bringt, den Verursacher zu bestrafen.

Schütze und Stier

Radikale Wandlungen und Brüche sind nicht Sache des Stiers. Er verfolgt seine Ziele wohlüberlegt, ohne sich zu überarbeiten. Dabei setzt er auf Beständigkeit und Gelassenheit. Trotzdem kann auch er nicht vermeiden, sich im Leben existenziellen Fragen stellen zu müssen, seien es nun Geldsorgen, Krankheiten, der Tod naher Angehöriger oder andere Einschnitte. Vom Schützen kann er lernen, dass es in solchen Situationen hilfreich ist, sich dem Glauben oder einer bestimmten Philosophie zuzuwenden, um in der erfahrenen Krise einen Sinn zu entdecken. In dieser Hinwendung steckt bereits das Einfallstor für die Manipulation des Schützens, denn der wartet geduldig ab, bis der sonst so starke Stier in einer verletzten und ohnehin angeschlagenen Situation ist und ihn mit falschen Versprechungen in eine Richtung zu lenken, die dem Denken und Handeln des Stiers eigentlich widerstrebt.

144

Schütze und Zwilling

Für den Zwilling ist der Schütze das siebte Zeichen. Zwischen beiden besteht, wie immer in der Beziehung zum siebten Zeichen, eine wohlwollende Anziehungskraft, aus der eine erfolgreiche Zusammenarbeit entstehen kann. Der Schütze wird sich in diesen Beziehungen als der Bodenständigere erweisen und so das Vertrauen des Zwillings erhalten. Innerhalb dieses Vertrauens kann er ungehindert den Ideenreichtum des Zwillings anzapfen und als den eigenen ausgeben.

Schütze und Krebs

Die Wirkung des Krebses auf den Schützen ist größer als umgekehrt, weil der Krebs dem Schützen gegenüber als achtes Zeichen auftritt, der Schütze für ihn aber das sechste Zeichen gibt. Dennoch gibt es auch in dieser Konstellation Manipulationsmöglichkeiten. Der Schütze kann den Krebs dazu bringen, sich für ihn aufzuopfern, ihn ohne Rücksicht auf sich selbst zu umsorgen und zu pflegen und ihm all die alltäglichen Widrigkeiten abzunehmen. Der Krebs geht nicht leichtfertig Beziehungen zu anderen Menschen ein, so dass der Schütze einiges an Zeit und Energie investieren muss, um eine enge Bindung an den Krebs aufzubauen, doch ist ihm das einmal gelungen, wird es dem Krebs sehr schwer fallen, sich aus dieser für ihn nachteiligen Beziehung zu lösen.

Schütze und Löwe

Schütze und Löwe erkennen und schätzen einander. Im gegenseitigen Austausch ist viel Raum für Inspiration, gemeinsame Reisen und die Erweiterung des Horizontes. Dabei kann der Schütze vom Löwen lernen, dass man „fünfe auch mal gerade sein" lassen kann, wie es im Volksmund heißt. Kreativität, Spiel und Lebenslust sind Bereiche, in denen sich der Löwe gut auskennt und wohlfühlt und deshalb auch nicht leicht anfällig ist für Manipulationen. Allerdings kann der Schütze Erfolge in dieser Hinsicht verzeichnen, in dem er dem Löwen gezielt den Spaß verdirbt, etwa mit moralischen Mahnungen. Nichts tötet eine Party zuverlässiger, als auf dem Höhepunkt der Ausgelassenheit daran zu mahnen, wie viel Leid es gleichzeitig auf der Welt gibt und so den Feiernden die eigene Ignoranz vor Augen zu führen. Exakt dieser Waffen wird sich der Schütze bedienen, wenn er den Löwen manipulieren will.

Schütze und Jungfrau

Jungfrauen ist ihre Herkunft und eine enge Beziehung zu ihrer Familie prinzipiell wichtig. Das befriedigt ihr Bedürfnis nach Überschaubarkeit und Planbarkeit, ebenso wie die Wahrung ihrer Privatsphäre. Legt der Schütze als ihr viertes Zeichen es darauf an, die Jungfrau zu manipulieren, so wird er sie gezielt von ihrer Familie entfremden. Jungfrauen sind verantwortungsbewusste und zuverlässige Menschen, die sich sowohl um die eigenen Kinder als auch die Eltern kümmern. Der Schütze wird die Jungfrau dazu verführen, das nicht mehr als Teil ihrer Verantwortung zu betrachten und ihre Pflichten zu vernachlässigen. Auf diese Weise sind Konflikte mit der Familie vorprogrammiert, die die Lebensplanung der Jungfrau erschüttern.

Schütze und Waage

Sowohl dem Schützen als auch der Waage sind Gerechtigkeit sehr wichtig. Für den Schützen ist dies aber vor allem ein ideeller Wert, den er mit philosophischen Argumenten verteidigt, während die Waage es eher praktisch angeht. Wenn ein Schütze eine Waage manipulieren möchte, so wird er durch hochtrabende Argumente versuchen, ihren moralischen Kompass durcheinander zu bringen. Er wird die sensible Waage durch endlose Debatten dazu bewegen, die eigenen Lebensentscheidungen und das Auftreten anderer gegenüber grundsätzlich in Frage zu stellen und so an Selbstbewusstsein einzubüßen.

Schütze und Skorpion

Für den Schützen ist der Skorpion das 12. Zeichen, umgekehrt ist der Schütze für den Skorpion das zweite Zeichen. Der Einfluss des Schützen auf den Skorpion ist deshalb häufig geringer als anders herum, dennoch gibt es auch in dieser Konstellation Möglichkeiten zur Manipulation. Wenn Skorpione sich herausgefordert fühlen, stellen sie im übertragenen Sinne die Stacheln. Dabei ist es ihnen gleich, ob sie finanzielle Einbußen als Konsequenz auf ihr Verhalten fürchten müssen oder den Verlust wichtiger Geschäftskontakte. Möchte der Schütze dem Skorpion schaden, muss er nur dieses Verhalten befeuern und der Skorpion wird dementsprechend handeln. Dabei genügt der Hinweis, der Mitbewohner hätte gelogen, der langjährige Kollege über ihn gelästert und schon wird der Skorpion beide sehr deutlich zur Rede stellen, mit ihnen streiten oder gar den Kontakt abbrechen.

10. Wie der Steinbock manipuliert

Für den Steinbock zählen vor allem beruflicher Erfolg, persönliche Leistungen und Selbstdisziplin. Er ist zielstrebig und ehrgeizig. Dabei neigt er manchmal dazu, über all das Arbeiten und Lernen die schönen Dinge des Lebens aus den Augen zu verlieren. Er kann andere Menschen zu besseren Leistungen anstacheln und taugt sehr gut als ein entsprechendes Vorbild. Im zehnten Haus, das er repräsentiert, geht es um beruflichen Erfolg, Ehrgeiz und das schon fast verbissene Verfolgen von gesetzten Zielen. Steinböcke sind die geborenen Vorgesetzten, die unermüdlich mit gutem Vorbild vorangehen.

Steinbock und Steinbock

Als erstes Zeichen können sie einander Verbündete und erbitterte Rivalen sein. Ein Steinbock schätzt am anderen dessen Leistungsbereitschaft und Zielstrebigkeit. So lange beide klar voneinander abgetrennte Bereiche haben und sich gegenseitig ihres Respekts und ihrer Wertschätzung versichern, ist alles in Ordnung. Wittert aber ein Steinbock, dass der andere ihn übertrumpfen könnte, so wird er zum Angriff übergehen und einen offenen Konkurrenzkampf beginnen, der zum Teil groteske Züge annehmen kann.

Steinböcke haben oft nur wenig Verständnis für den Schlendrian anderer Menschen und erwarten von ihnen ein ebenso hohes Leistungsniveau wie sie selbst es an den Tag legen. Deshalb können Freundschaften zwischen zwei Steinböcken deren Tendenz zur Selbstständigkeit und Disziplin noch verstärken. Will ein Steinbock den anderen manipulieren, so fordert er ihn etwa zu den oben beschriebenen Konkurrenzkämpfen heraus, so dass ihm Ressourcen für andere Projekte fehlen, oder aber beide kapseln sich als vermeintliche Elite von anderen Menschen ab, die dem Steinbock fortan mit Misstrauen und Abwehr begegnen.

Steinbock und Wassermann

Dem visionären Wassermann fällt es nicht leicht, den nüchternen Steinbock zu verstehen. Er achtet und bewundert ihn für dessen Zielstrebigkeit und Ehrgeiz, gleichzeitig ist ihm seine tendenzielle Spaßfeindlichkeit suspekt. Der Wassermann sucht die Nähe und den Austausch mit anderen, der Steinbock scheut Ablenkungen dieser Art eher. Wenn ein Steinbock einen Wassermann manipulieren möchte, so wird er darauf abzielen, diesem einzureden, seine Suche nach spiritueller Erfüllung, nach

Verbundenheit mit anderen Lebewesen und horizonterweiternden Erfahrungen sei Firlefanz, mit dem er sich davor scheue, erwachsen zu werden und Verantwortung zu übernehmen. Der Wassermann weiß, dass genau das zu seinen Schwächen gehört, er wird sich durchschaut und ertappt fühlen und sich anstrengen, um in der Gunst des Steinbocks wieder aufzusteigen.

Steinbock und Fische

Steinbock und Fische könnten gegensätzlicher nicht sein. Wo der Steinbock strebsam und fleißig ist, ist der Fisch verträumt und lässt sich lieber von der Strömung des Lebens mitreißen. Dem Steinbock bedeuten beruflicher Erfolg und die Erreichung seiner Ziele alles, der Fisch hingegen lebt in seiner eigenen Welt aus Träumen und Wünschen. Die Beziehung zwischen Steinbock und Fischen kann sehr fruchtbar sein, denn durch die Begegnung mit dem Steinbock erhält der Fisch Bodenhaftung und einen besseren Bezug zur Realität und ihren Anforderungen. Der Steinbock hingegen lernt, Kontrolle auch einmal abzugeben und sich dem Leben anzuvertrauen. Will ein Steinbock einen Menschen mit dem Sternzeichen Fische manipulieren, dann wird er dessen Traumwelten gezielt angreifen, die einer nüchternen Prüfung nicht standhalten, für den Fisch aber lebenswichtig sind. Der Steinbock wird den Fischen das Bild einer Realität zeichnen, die voller Anstrengungen und Entbehrungen ist und für die die Fische nicht geschaffen sind. In Wirklichkeit zeichnet der Steinbock in diesem Fall nur seine eigene Wahrnehmung nach, die wiederum nur ein Aspekt der Realität ist, doch die Fische neigen dazu, diese Sicht zu übernehmen und sich selbst für unfähig zu befinden, in ihr zu bestehen. Eine noch stärkere Realitätsflucht in Form von Drogen, Alkohol oder Träumen kann die Folge sein.

Steinbock und Widder

Der Steinbock ist der geborene Vorgesetzte, Anführer oder politische Leitfigur. Seine Wirkung auf den Widder ist aus diesem Grund besonders stark. Zugleich fällt es dem Steinbock schwer, den impulsiven Widder zu verstehen und zu akzeptieren, so dass es zwischen ihnen häufig zu Reibungen kommt. Dem Steinbock gelingt es, den Widder zu manipulieren, indem er dessen berufliche Leistungen konsequent abwertet und ihm aufgrund seiner Impulsivität und des ungestümen Vorgehens die Fähigkeit abspricht,

Verantwortung zu übernehmen oder auf der Karriereleiter
nach oben zu klettern.

Steinbock und Stier

Dem Stier sind die entbehrungsreichen Anstrengungen des
Steinbocks eher suspekt. Für ihn ist das Leben
gekennzeichnet durch Fülle und Überfluss. Aus diesem
Grund können Steinbock und Stier bei weltanschaulichen
Diskussionen aneinandergeraten, denn sie folgen zwei sehr
unterschiedlichen   Philosophien.   Das
Manipulationspotenzial des Steinbocks über den Stier liegt
darin, dessen Hang zu geistiger Trägheit auszunutzen und
ihm vermeintlich einfache Antworten auf komplexe
Sachlagen anzubieten. So kann sich der Steinbock als
Rattenfänger gerieren, der den Stier zum Mitläufer macht.

Steinbock und Zwilling

Der Steinbock tritt dem Zwilling als dessen achtes Zeichen
gegenüber. Die beherrschenden Themen ihrer Begegnung
sind existenzielle Fragen um Zeugung, Geburt, Tod,
Krankheit, Geld, Zerstörung, aber auch Erneuerung und

Wachstum. Der Zwilling ist für Krisen anfällig, da er sich seiner selbst nie ganz sicher ist. Er vermutet unbekannte Abgründe sowohl in seinem Inneren als auch im anderen. Stets lebt er mit dem Gefühl, sich auf sich selbst nicht ganz verlassen zu können und erwartet von sich ein ambivalentes bis selbstzerstörerisches Verhalten. Die Disziplin des Steinbocks kann für ihn ein Weg sein, diese Tendenzen zu kontrollieren, doch um sie wirklich zu beherrschen, muss er in eben diese Abgründe hineinblicken. Hat der Steinbock es darauf abgesehen, den Zwilling zu manipulieren, so forciert er diesen Prozess, ohne das Tempo an die Bedürfnisse des Zwillings anzupassen. Um sich den eigenen, dunklen Seiten zu stellen, ist ein gewisses Maß an Stabilität und innerer Stärke notwendig, sonst besteht die Gefahr, an ihnen zu kapitulieren und vollkommen aus der Bahn zu geraten. Fehlt dieses beim Zwilling und wird er dennoch vom Steinbock unermüdlich dazu angehalten, sich mit sich selbst zu beschäftigen, so ist ein Zusammenbruch fast unvermeidlich.

Steinbock und Krebs

Der Steinbock kann mit der Emotionalität des Krebses wenig anfangen. Gefühle spielen in seinem Leben eine untergeordnete Rolle. Da Steinbock und Krebs aber füreinander das siebte Zeichen sind, können sie sich nur selten neutral begegnen. Entweder sie fühlen eine starke Anziehungskraft oder eine intuitive Antipathie für den jeweils anderen. Aufgrund ihrer Wesensverschiedenheit sind Partnerschaften nicht von langer Dauer, da der Krebs nicht mit der emotionalen Kälte des Steinbocks leben kann, dieser umgekehrt nicht mit den Gefühlsausbrüchen des Krebses. Für den Krebs bilden seine Gefühle die Wirklichkeit ab. Die sachliche Sichtweise, die der Steinbock verwendet, ist ihm fremd. Der Steinbock kann den Krebs manipulieren, indem er dessen Gefühle und Wahrnehmung ständig relativiert, aberkennt und sich sogar über sie lustig macht.

Steinbock und Löwe

Auch diese beiden verbindet wenig. Der Löwe steht gern im Mittelpunkt der Aufmerksamkeit, ausdauernde Arbeit im Hintergrund, die für das Erreichen von Zielen notwendig ist, ist nicht seine Sache. Ganz anders der Steinbock, der seinen Weg abseits des großen Getümmels geht und beharrlich daran festhält. Er braucht keine Anerkennung durch andere, die Verwirklichung seiner Ziele ist für ihn Bestätigung genug. Da der Steinbock für den Löwen das sechste Zeichen ist, hat er die Kraft, den Löwen zu Kompromissen und pragmatischerem Verhalten zu zwingen. Der Löwe liebt es, auf der Sonnenseite des Lebens zu stehen, den dunklen und grauen Seiten entflieht er. Es kann dem Steinbock gelingen, den Löwen regelrecht zu zähmen, in dem er ihn immer wieder dazu auffordert, strebsamer und disziplinierter zu sein. Ausdauer gehört aber nicht zu den Stärken des Löwen, so dass er seine Kräfte verpulvert und an Strahlkraft verliert.

Steinbock und Jungfrau

Steinbock und Jungfrau verstehen einander gut. Beide sind strebsam und erfolgsorientiert, der Steinbock schätzt an der Jungfrau ihr Organisationstalent und ihre Zuverlässigkeit, sie an ihm den Ehrgeiz und die Zielstrebigkeit. Beide sind eher nüchternen Charakters, brauchen weder große emotionale Aufruhre, noch das Rampenlicht. Eine Zusammenarbeit ist meistens von langjährigem und dauerhaftem Erfolg gekrönt. Will der Steinbock die Jungfrau manipulieren, so macht er sich deren Abhängigkeit von überschaubaren Abläufen zu Nutze, die er gezielt durch plötzliche Änderungen, neue Anforderungen oder verkürzte Zeitlimits zerstört. So verliert die Jungfrau den Boden unter den Füßen und fühlt sich bald nutzlos und inkompetent.

Steinbock und Waage

Der Steinbock erlebt die Waage als einen unentschlossenen bis wankelmütigen Charakter. Der Waage ist es wichtig, sich selbst mit der Welt und anderen Menschen in Einklang zu bringen, sie will keine scharfen Abgrenzungen oder Konflikte. Ihr gegenüber tritt der Steinbock als viertes Zeichen als ewiger Mahner an Tradition und Herkunft auf. Er wird ihr Vorhaltungen machen, wenn sie sich mit Menschen umgibt, die den Wertekanon der Familie der Waage nicht teilen und sie in ihrer Unentschlossenheit regelrecht vor sich hertreiben. Seine Legitimation für dieses übergriffige Verhalten bezieht er aus tradierten Werten und Vorstellungen, die der Steinbock mit Leichtigkeit verinnerlicht und anwendet. Sie sind Teil seines Erfolgsrezeptes, denn er setzt gerne auf Altbewährtes. In einem typischen Manipulationsgespräch zwischen einem Steinbock und einer Waage, wird dieser die Freunde der Waage als „Taugenichtse" und vielleicht sogar „Versager" abtun.

Steinbock und Skorpion

Der nüchterne Steinbock erkennt sofort, dass sich der Skorpion mit seiner kompromisslosen Alles-oder-Nichts-

Haltung so manche Tür zuschlägt, sich allzu oft in sinnlose Kämpfe verwickeln lässt und damit seinen eigenen Zielen nicht gerecht wird. Da der Steinbock als latenter Außenseiter ein sehr aufmerksamer Beobachter ist, wird er diese Schwachstelle für sich nutzen, wenn er den Skorpion manipulieren möchte. Er wird ihn auf Streitanlässe hinweisen, wo gar keine sind und ihn damit peu à peu als möglichen Konkurrenten aus dem Weg räumen.

Steinbock und Schütze

Der Schütze kämpft als edler Ritter für das Wahre und Gute, für seine Prinzipien und Überzeugungen. Dabei kann er durchaus auch eine tragische Figur werden, denn für andere Menschen haben diese Aspekte des Lebens eine geringere Bedeutung als für ihn selbst. Obwohl er vorgibt, dass materielle Belange für ihn weniger wichtig sind als die ideellen, hat der Schütze dennoch ein großes Sicherheitsbedürfnis. Der Steinbock hingegen bemisst seinen Erfolg durchaus auch in der Anhäufung materieller Güter, die er jedoch nicht zur Schau stellen muss. Der Steinbock kennt die Schattenseiten des Lebens sehr genau und ist auf sie vorbereitet. Das ist Teil seiner Anziehung auf

den Schützen und macht diesen zugleich anfällig für dessen
Manipulation.

11. Wie der Wassermann manipuliert

Der Wassermann als Luftzeichen hat nur wenig Verhaftung in der materiellen Welt. Sein Terrain ist die geistige Welt, die Welt der Ideen und Visionen. Häufig hat er ein großes Netzwerk um sich herum, das ihn unterstützt und für seinen Ideenreichtum bewundert, ohne dass ihn mit diesen Menschen eine echte gefühlsmäßige Freundschaft verbindet. Keine Ideologie, kein Gedankenkonstrukt sind ihm fremd und er liebt es, sich mit den Fragen nach dem Sinn des Lebens zu beschäftigen. Das elfte Haus, dessen Repräsentant er ist, steht deshalb auch unter den Vorzeichen von Freundschaft und intellektuellem Austausch. Konkurrenz, Neid und Hinterlist haben hier nur wenig Platz, vielmehr geht es darum, gemeinsam etwas zu erreichen und eine gute Zeit zu haben. Gerade weil aber der Wassermann oft ganz harmlos daherkommt, kann er andere manipulieren.

Wassermann und Wassermann

Wassermann und Wassermann erkennen sich selbst im jeweils anderen. Es liegt am Wesen des Wassermanns, der Freundschaften ganz bewusst auch unter dem Aspekt des persönlichen Nutzens für ihn selbst eingeht, dass sich in einem Freundeskreis nur selten zwei Wassermänner finden.

Die manipulativen Fähigkeiten der verschiedenen Sternzeichen

Der Wassermann nimmt lieber, als dass er gibt und er tut das mit einer Selbstverständlichkeit, die es schwer macht, ihn dafür zu kritisieren. Sein Auftreten gegenüber anderen hat etwas Kindliches oder Verspieltes. Es gefällt ihm überhaupt nicht, ein solches Verhalten an einem anderen zu entdecken und er wird sich gegen diese Konkurrenz zur Wehr setzen, in dem er den eigenen Wert für den Freundeskreis herausstreicht und den anderen abwertet, beispielsweise, weil er selbst die besseren Partys gibt, der genialere Wissenschaftler ist, der beliebtere Szenekenner oder erfahrenere Spezialist. Dabei wird er auch vor persönlichen Kränkungen nicht zurückschrecken.

Wassermann und Fische

Für die Fische ist der Wassermann das 12. Zeichen. Seine manipulative Wirkung auf die Fische ist wesentlich, denn die Fische bewundern seinen schnellen und schlagfertigen Intellekt. Der grenzenlose Ideenreichtum und Individualität des Wassermanns erscheint den Fischen sehr mysteriös und interessant zu sein. Der Wassermann hat eine Chance, die Fische zu manipulieren, wenn er dem, woran die Fische glauben wissenschaftliche Erkenntnisse entgegensetzt. So wird der Wassermann die oft naiven Weltanschauungen und

Ansichten der Fische bestreiten und dafür zahlreiche Belege anführen. Auf diese Weise gelingt es ihm, das Geheimnisvolle zu entweihen und ihm seines Zaubers zu berauben, was für die Fische einer existenziellen Bedrohung gleichkommt.

Wassermann und Widder

Dem Widder begegnet der Wassermann als elftes Zeichen. Die entscheidenden Aspekte ihrer Begegnung, nämlich Freundschaft, Visionen, Hoffnungen und neue Ideen, bedeuten für den Wassermann ein Heimspiel. Aus diesem Grund hat er auf den Widder eine größere manipulative Wirkung als umgekehrt. Da der Wassermänner andere Menschen prinzipiell so akzeptiert, wie sie sind, bereitet ihm das aufbrausende Temperament des Widders keine Probleme. Aus manipulativer Sicht gelingt es ihm jedoch, den Widder vor den eigenen Karren zu spannen, diesen beispielsweise unangenehme Gespräche führen zu lassen oder ihm die Schuld für allerlei Ereignisse zu geben. In dem der Wassermann nur allzu gerne im Bereich der Ideen verharrt, will er nur selten Verantwortung für praktisches Handeln übernehmen. Genau diese Verantwortung überträgt er dem Widder, in dem er diesem erklärt, das sei

Teil der gemeinsamen Aufteilung oder wichtig für ein Projekt.

Wassermann und Stier

Der Wassermann eignet sich nur bedingt als Vorgesetzter und Anführer. Zwar kann er mit seinen Ideen und Visionen vorangehen, doch mit den praktischen Aufgaben eines Chefs oder Führungsverantwortlichen hat er nichts am Hut. Weder will er seine Mitarbeiter kontrollieren, noch sich mit lästigen Organisationsfragen aufhalten. Der eher gemächliche Stier als sein Untergebener verkörpert für ihn all das, was Führung so anstrengend macht. Aus diesem Grund wird er den Stier ungerecht behandeln und vielleicht sogar regelrecht mobben. Er wird ihn für Fehler verantwortlich machen, für die der Stier nichts kann und ihn vor anderen bloßstellen. Dabei kommt ihm die Gutmütigkeit des Stiers zu Gute.

Wassermann und Zwilling

Der Zwilling ist für das, was ihm der Wassermann anbietet, sehr offen. Er interessiert sich für neue Ideen und engagiert sich für die Verwirklichung einer besseren Welt. Dieser

Einfluss wird durch den Umstand verstärkt, dass der Wassermann für den Zwilling das neunte Zeichen ist, und es in diesem Zusammenhang um die Erweiterung des geistigen Horizontes geht. Dem Wassermann gelingt es, den Zwilling zu manipulieren, da dieser sich vom Wassermann endgültige Antworten auf die Fragen erhofft, die ihn umtreiben, nämlich „Wer bin ich?" und „Warum bin ich hier?" Der Wassermann hat auf diese Fragen eine ganze Palette von Antworten, jedoch keine allgemeingültige. Aufgrund seiner inneren Zerrissenheit wird der Zwilling mit diesen unverbindlichen Aussagen nur wenig anfangen können, denn er ist auf der Suche nach Gewissheit. Für eine gewisse Zeit kann das große Angebot an Ideen und Erkenntnissen, die der Wassermann bereithält, jedoch eine große Anziehungskraft auf den Zwilling haben.

Wassermann und Krebs

Für den Krebs ist der Wassermann das achte Zeichen und hat aus diesem Grund die größte manipulative Kraft auf den Krebs. Krebse kennen keine Härte, weder im Inneren gegen sich selbst, noch im Außen gegen andere. Manchmal legen sie sich im Laufe ihres Lebens einen harten Panzer zu, den sie jedoch immer wieder abstreifen. Sie sind anfällig für emotionale Verletzungen und Manipulationen. Der Wassermann tritt ihnen gegenüber oft als Verführer auf, der ihre intimsten Wünsche und Bedürfnisse erkennt und für sich ausnutzt. Häufig spielen Nähe und Sexualität dabei eine Rolle, oft genug geht es aber auch das Bedürfnis des Krebses, sich in einem Zustand emotionaler Sicherheit zu befinden. Doch die Sicherheit, die der Wassermann anbietet, ist trügerisch. Der Wassermann kennt nur seine eigenen Bedürfnisse und kann mit der gefühlsreichen Welt des Krebses nichts anfangen. Ein Leben mit ihm bedeutet ein Leben in Ungewissheit und emotionaler Willkür.

Wassermann und Löwe

Wassermann und Löwe verlieben sich leicht ineinander. Gemeinsam geben sie das perfekte Paar ab, der eine laut und strahlend, großzügig und selbstsicher, der andere voll von geistigem Esprit und umgeben von vielen Freunden. Es besteht die Gefahr, dass die beiden eher in die Idee von sich als Paar verliebt sind und ihre Wirkung nach außen und nicht unbedingt ineinander. Ihre Welt ist oft geprägt vom schönen Schein und es mangelt an Bodenhaftung und Tiefgang. Zerbricht die Illusion, sind hasserfüllte Rosenkriege und absurde Konkurrenzkämpfe oft die Folge. Der jeweils andere zielt darauf ab, den anderen zu vernichten und die Erinnerung an ihn auszulöschen. Der Wassermann wird dem Löwen vorhalten, dass er, so wie jeder Mensch, auch weniger strahlende Tage hat, vielleicht sogar Ängste und Selbstzweifel. Für den Wassermann kommt dies einer Art Betrug gleich, den er dem Löwen auch vorhalten wird.

Wassermann und Jungfrau

Da die Jungfrau für den Wassermann das achte Zeichen ist, ist ihre Wirkung auf ihn stärker als umgekehrt. Trotzdem kann es dem Wassermann gelingen, die Jungfrau zu manipulieren und zwar ausgerechnet da, wo sie sich vermeintlich am besten auskennt: Im Bereich der täglichen Verpflichtungen und zahlreichen Zugeständnisse, die das Alltagsleben uns abringt. Er wird sich über ihr Festhalten an starren Abläufen lustig machen und ihr fehlende Fantasie vorwerfen, sie langweilig und berechenbar nennen.

Wassermann und Waage

Waagen streben danach, alles in Balance zu halten. Die Begegnung mit einem Wassermann kann für sie belebend und inspirierend wirken, sehnen sie sich doch beide gemeinsam nach einer besseren Welt in Harmonie und Ausgeglichenheit. Das Harmoniebedürfnis der Waage ist allerdings größer als das des Wassermanns, so dass sie um des lieben Frieden Willens oft klein beigeben wird, auch wenn der Wassermann einer erkennbar verrückten Idee anhängt. Es gelingt dem Wassermann, die Waage von seinen Vorschlägen zu begeistern und zu einem energischen Mitstreiter zu machen. Gemeinsam können sie viel bewirken. Die Waage kann sich jedoch nicht davor schützen, vom Wassermann in finanzielle Eskapaden und unausgereifte Projekte mit hineingezogen zu werden.

Wassermann und Skorpion

Dem Skorpion reicht die Erklärung, etwas verhalte sich so, weil „es schon immer so gemacht wurde" nicht aus. Er will absolute Wahrheiten und eindeutige Antworten. Dem Wassermann gelingt es ganz hervorragend, den Skorpion zu Konflikten mit dem Elternhaus oder alten Freunden zu verleiten, in dem er deren Ansichten immer wieder hinterfragt und ihnen neue und vermeintliche frischere Ideen entgegenhält. Tradition braucht keine weitere Legitimation als die, dass sie eben Tradition ist. Sie muss weder logisch noch besonders effizient oder gerecht sein. Ihre Existenz rechtfertigt sich aus der Zeitspanne, in der sie ihre Wirkung entfaltet hat und die bis in die Gegenwart anhält. Mit einer solchen Erklärung kann und will sich der Skorpion nicht zufriedengeben, obwohl er vermutlich, bis er durch einen Wassermann darauf gestoßen wurde, noch nie aktiv über seine Herkunft und die damit verbundenen Traditionen nachgedacht hat. Der Wassermann kann den Skorpion dazu bringen, in offenen Widerstand zu den Erwartungen und ungeschriebenen Gesetzen der eigenen Familie zu gehen und sich so ganz von ihr loszusagen. Der Wassermann wird dabei vor allem rationale Argumente anführen, die nicht berücksichtigen, dass Tradition und Herkunft sowie der gesamte Bereich des konservativen Denkens sehr viel mit emotionaler Verbundenheit zu tun haben.

Wassermann und Schütze

Für den Schützen ist der Wassermann das dritte Zeichen. In ihrer Begegnung geht es also vor allem um den Kontakt von Menschen untereinander, um Austausch, Gespräche und Kommunikation. Der Schütze wird gerne auch als Prinzipienreiter beschrieben, die er in der Kommunikation mit anderen wortreich vertritt. Seine Schwäche ist, dass er einmal als richtig angenommene Prinzipien nur selten ein zweites Mal überdenkt und mit beachtlicher Sturheit an ihnen festhält. Ihm fehlen die Fähigkeiten, einen vollkommen anderen Blickwinkel einzunehmen oder andere Meinungen zu respektieren, beides große Stärken des Wassermanns. Aus diesem Grund gelingt es dem Wassermann, den Schützen in Diskussionen in die Enge zu treiben und anderen seine Sturheit und Rechthaberei vor Augen zu führen, was dem Schützen und seinem öffentlichen Ansehen zum Nachteil gereicht.

Wassermann und Steinbock

Dem Steinbock begegnet der Wassermann als zweites Zeichen. Es ist also kein Wunder, dass diese beiden häufig um Geld streiten, dass der Wassermann zu leichtfertig ausgibt, um das sich der Steinbock allerdings zu viele Sorgen macht. Wenn der Wassermann den Steinbock manipulieren möchte, so muss er nur seine natürliche Fähigkeit einsetzen, andere dazu zu bringen, für ihn zu bezahlen und für ihn aufzukommen. Er wird dem Steinbock erklären, dass er sein Geld schlecht investiert hat oder einfach gerade in der Klemme steckt und der Steinbock wird zähneknirschend einspringen. Der Steinbock wird den Eindruck haben, es fehle dem Wassermann einfach an Ernsthaftigkeit und Weitblick, so dass er quasi unschuldig in diese Situation geraten sei.

12. Wie die Fische manipulieren

Fische stehen für das Tiefgründige, Unfassbare und Geheimnisumwitterte. Sie sind sehr sensibel, sowohl in Bezug auf eigenes Leiden als auch in Bezug auf das Leiden anderer. Ihr Wunsch ist es, mit dem Strom zu schwimmen und allen Widerständen auszuweichen. Sie sind echte Meister der unbewussten Manipulation. Das ist nämlich ihre angeborene Fähigkeit, die sie sehr oft einsetzen, und können oft nichts dafür. Ihr Haus ist das 12. Haus der Psyche und hier geht es um alles, das mit dem bloßen Auge nicht erkennbar ist, was wir nur fühlen, erahnen und vermuten. In dieser Welt, die den meisten anderen Menschen eher Angst macht, sind die Fische zu Hause.

Fische und Fische

Den übrigen Sternzeichen fällt es oft schwer, die Fische zu verstehen. Umso angenehmer ist es für sie, anderen Fischen zu begegnen, mit denen sie in stiller Übereinkunft ihren Hang für das Übersinnliche und Transzendenz teilen können. Vor den praktischen Anforderungen des Lebens schrecken sie zurück. Fische können einander insofern manipulieren, als dass sie sich gegenseitig in ihrer latenten Realitätsverweigerung unterstützen. Nicht allen Konflikten kann ausgewichen werden, manchmal ist es dringend notwendig Stellung zu beziehen. Probleme verschwinden nicht, wenn man sie ignoriert. Fische können sich in eine Traumwelt entführen, die mit der Realität nichts mehr zu tun hat. Dabei können auch Drogen oder andere Süchte eine Rolle spielen. Für Außenstehende ist diese Traumwelt nicht zu verstehen und sie haben auch keinen Zutritt zu ihr.

Fische und Widder

Für den Widder sind die Fische das 12. Zeichen. Das ausweichende Verharren der Fische ist ihm fremd, er liebt es, tatkräftig voran zu stürmen. Dabei rennt er nur allzu häufig mit dem Kopf gegen die Wand, erscheint störrisch und Äußerlichkeiten verhaftet. Wenn die Fische den Widder manipulieren möchten, so brauchen sie nichts weiter zu tun, als seinen unüberlegten und vorschnellen Angriffen durch einen kurzen Flossenschlag auszuweichen. Der Widder braucht klar identifizierbare Gegner, die Stellung beziehen und sich als Zielscheibe anbieten. Indem Fische genau das vermeiden, irritieren sie den Widder und lassen ihn sich die Hörner bis zur völligen Erschöpfung einrennen.

Die manipulativen Fähigkeiten der verschiedenen Sternzeichen

Fische und Stier

Der Stier lässt sich nicht leicht aus der Ruhe bringen. Für die Fische ist er oftmals der viel beschriebene Fels in der Brandung. Doch auch der ruhigste Zeitgenosse hat nur ein begrenztes Potenzial an Einflüssen, die er aushalten kann. So wie ein Stein auf Dauer vom Wasser abgeschmirgelt wird, so können auch die Fische durch subtiles und beharrliches Wirken den Stier dauerhaft verändern, so dass er sich nicht mehr wiedererkennt. Dabei vermeiden sie, ganz wie es ihrem Wesen entspricht, Streitgespräche und klar erkennbare Handlungen. Vielmehr setzen sie sehr subtile Reize ein. Sie schenken dem Stier Nähe, wenn dieser sich ihren Wünschen gemäß verhält und bestrafen ihn mit Distanz, wenn er von ihnen abweicht, sie verführen wortlos und durch Gesten. Nie aber lassen sie es zu einem offenen Streit oder einer erkennbaren Missstimmung kommen.

Fische und Zwilling

Das Führen anderer und die Übernahme von Verantwortung liegt den Fischen gar nicht. Aus diesem Grund wird man sie auch nur selten als Vorgesetzten antreffen. Als Teil einer subtilen Manipulation können sich die Fische die Veranlagung des Zwillings zu Nutze machen, stets nur mit halbem Ohr zuzuhören und sich nicht lange konzentrieren zu können.

Fische und Krebs

Sowohl Fische als auch der Krebs zeichnen sich durch ihre Sensibilität und ihr Mitgefühl aus. Beide glauben gern an Übersinnliches und finden darin Sinnstiftung für ihren Alltag. Während diese Welt für die Fische aber wirklich real ist, besteht die Bindung des Krebses an sie vielmehr aus einer Liebe zu allem Tradierten, Alten, zu Sagen und Legenden, die ihm ein Gefühl von Heimat und Vertrautheit vermitteln. Den Fischen fällt es leicht, das Vertrauen des Krebses zu erhalten, denn die Krebse haben das Gefühl, durch die Fische ihre eigene Herkunft besser verstehen zu können. Die einfachste Art für die Fische den Krebs zu manipulieren, ist sich ihm als Medium anzubieten, das übersinnliche Erfahrungen herbeiredet und sie interpretiert.

Fische und Löwe

Der Löwe ist ganz und gar in der diesseitigen Welt verwurzelt, im Hier und Jetzt. Kein Wunder also, dass die

Fische mit ihrem Hang zum Transzendenten für ihn geheimnisvoll und mysteriös sind. Jeder Mensch strebt allerdings in seinem Inneren nach Ausgeglichenheit, so dass auch der Löwe instinktiv ahnt, dass in der Begegnung mit den Fischen Wichtiges auf ihn wartet. Der Löwe entflieht der inneren Einkehr durch ausschweifende Partys und exzessive Selbstdarstellung. Oft ist sein Denken und Handeln von Oberflächlichkeit geprägt.

Fische und Jungfrau

Zwischen Fischen und Jungfrau herrscht eine fühlbare Anziehung. Den sensiblen Fischen gibt die Ordnung der Jungfrau Sicherheit, kann sie aber auch schnell einengen. Die Jungfrau fühlt sich von den Fischen angenommen und verstanden. Im besten Fall kann aus diesem Kontakt eine innige Beziehung oder Freundschaft entstehen. Wenn die Fische die Jungfrau manipulieren möchten, reden sie ihr ein, es sei notwendig, sich „einfach mal fallenzulassen", sich auf das Ungewisse, Spirituelle, Unfassbare einzulassen. Die Jungfrau aber braucht festen Boden unter den Füßen und wird darauf mit großer Verunsicherung und Selbstzweifeln reagieren.

Fische und Waage

Wenn Menschen dieser beiden Zeichen aufeinander treffen, fühlt sich keiner so recht wohl. Die Waage strebt stets nach Ausgleich zwischen den Extremen verschiedener Ansichten und Charaktere. Die Fische mit ihrer Sensibilität und ihrem Hang zum Träumen verkörpern aber gerade ein Extrem. Zuverlässigkeit, Genauigkeit und die Verhaftung im Materiellen ist ihre Sache nicht. Die Waage weiß aber, dass diese Aspekte für ein erfolgreiches und glückliches Leben von Nöten sind. Wenn Fische es darauf anlegen, eine Waage zu beeinflussen, so ist es notwendig, dieses Gleichgewicht zu zerstören. Sie halten die Waage mit Tagträumereien, mit Tatenlosigkeit und sogar mit dem Konsum von berauschenden Substanzen davon ab, dieses Gleichgewicht herzustellen. Der Fisch kann in dem Chaos, das daraus entsteht, leben, die Waage nicht.

Fische und Skorpion

Für den Skorpion sind die Fische das fünfte Zeichen. Der Skorpion kommt mit den Fischen besser aus als diese umgekehrt mit ihm. Er empfindet die verträumte und sensible Haltung als beruhigend. Genau hier liegt das Manipulationspotenzial dieser Beziehung. Die Fische können regelrecht einschläfernd auf den Skorpion wirken, der sich mit neuen Plänen und Ideen der Welt zeigen möchte. Durch subtile Tricks und Verführungen können die Fische den Skorpion von der konkreten Verwirklichung seiner Pläne abhalten, so dass dieser, ebenso wie sie selbst, zum ewigen Träumer wird. Dazu gehört, dass die Fische die Einhaltung wichtiger Geschäftstermine vereiteln oder den Skorpion erfolgreich von anderen Menschen, die für sein Vorhaben wichtig sein könnten, isoliert.

Fische und Schütze

Schützen sind Idealisten. Das zeigt sich auch in der Beziehung zu ihren Familien. Entweder sie idealisieren das Verhältnis, die eigene Kindheit und die Erziehung oder sie haben sich enttäuscht von den Eltern und deren Werten abgewendet, weil sie diese nicht für gut genug befunden haben. In dieser Idealisierung oder Abwertung steckt eine große Verletzlichkeit, denn beides stimmt mit der Wahrheit nicht überein und es bedarf Verdrängungsmechanismen, um sie aufrecht zu erhalten. An diesem Punkt setzt die Manipulation der Fische an. Sie sprechen mit dem Schützen über Kindheitserinnerungen und führen ihm schmerzhafte Wahrheiten vor Augen. Daraus können Schuldgefühle, aber auch Angst vor dem Verlassenwerden und Depressionen resultieren.

Fische und Steinbock

Für den Steinbock sind die Fische das dritte Zeichen. In ihrer Begegnung geht es um Kommunikation, um Wissensvermittlung und lebenslanges Lernen. Es fällt dem Steinbock schwer, die Fische und ihr eher träges Handeln zu verstehen. Die Träumereien und die Uneindeutigkeit der Fische sind ihm fremd. Es kann den Fischen gelingen, den Steinbock zu manipulieren, in dem sie ihm in Diskussionen, Meetings und anderen Treffen unablässig auf die emotionale statt auf die sachliche Ebene ziehen. So kann an Mitgefühl, Schuldgefühle, Kindheitserinnerungen, Komplexe, moralische Verpflichtungen appelliert werden und sogar Tränen zum Einsatz kommen, um die Steinböcke davon abzuhalten, ihre Ziele durchzusetzen.

Fische und Wassermann

Die manipulative Kraft dieser Verbindung ist nicht sehr stark. Die Fische sind für den Wassermann das zweite

Zeichen. Ihr Kontakt ist für den Wassermann durch die Themen materieller Besitz, Geld und Sicherheit geprägt. Für beide Zeichen spielen diese Aspekte keine große Rolle. Dennoch können die Fische Einfluss auf den Wassermann nehmen, indem sie ihn dazu bringen, sie materiell zu versorgen. Sie können sich als hilflos, krank und schwach zeigen und an das Mitgefühl des Wassermanns appellieren. Zumindest für eine Weile wird er sich auf diese Weise manipulieren lassen.

III. Die gezielte Manipulation der einzelnen Sternzeichen

In Teil II haben wir erfahren, wie die einzelnen Sternzeichen andere beeinflussen. In diesem letzten Teil geht es darum, wie man ein bestimmtes Sternzeichen bewusst manipuliert. Wie bereits im Vorwort erwähnt, gebe ich dieses Wissen nur der Vollständigkeit halber weiter und rate dringend davon ab, es jemals, außer in einer dringenden Notlage, gegen andere Menschen einzusetzen. Vor allem aber soll es dazu dienen, dass Sie selbst solche Manipulationen frühzeitig erkennen und abwenden können. In unserem Kosmos ist alles miteinander verbunden. Jede Handlung verursacht eine Vielzahl von Reaktionen, die oft nicht überschaubar sind, ähnlich wie bei einem Dominoeffekt. Sicherlich haben auch Sie schon davon gehört, dass ein einziger Schmetterlingsschlag ein Unwetter auslösen kann. Dieser Ausspruch symbolisiert, dass nichts auf unserer Welt singulär und von seiner Umwelt getrennt betrachtet werden kann. Wenn Sie sich also dazu entscheiden, einen anderen Menschen bewusst zu manipulieren, dann kann es sein, dass sich diese Manipulation am Ende negativ für Sie auswirkt. Hinter einer Manipulationsabsicht steckt eine negative Energie, die wie ein Bumerang stets zu dem zurückkehrt, der sie aussendet.

Die gezielte Manipulation der einzelnen Sternzeichen

Trotzdem gehört es zu den Allgemeinplätzen, dass die Welt nicht nur aus guten und rücksichtsvollen Menschen besteht. Im Gegenteil: Wir begegnen einander als Konkurrenten, nur allzu häufig wird versucht, den Willen des anderen zu manipulieren. Das geschieht im Beruf durch Kollegen und Vorgesetzte, in der Partnerschaft und unter Freunden, mittels von Werbung, Nachrichten und durch das Umfeld, in dem wir uns bewegen. Jeder von uns wird manipuliert, ob uns diese Erkenntnis gefällt, oder nicht. Umso wichtiger ist es, sich diesen Umstand klar vor Augen zu führen. In dem Augenblick, in dem wir erkennen, dass und wie uns ein anderer manipuliert, verliert er seine Wirkung auf uns. Aus diesem Grund werde ich im Folgenden detailliert darauf eingehen, wie man einzelne Sternzeichen manipuliert. Unter Ihrem eigenen Sternzeichen werden Sie viele Hinweise finden, in denen Sie sich selbst wiedererkennen und zugleich auch mögliche Manipulatoren in Ihrem Umfeld identifizieren.

1. Wie man einen Widder manipuliert

Widder sind das erste Zeichen im Tierzeichenkreis. Sie symbolisieren den Frühlingsanfang, den Aufbruch der Natur, ungestümes Wachstum und ungebremsten Lebenswillen. Sie sind die Repräsentanten des ersten Hauses, das für die Selbstwahrnehmung und gesunden Egoismus zur Selbstbehauptung in der Welt steht. Man kann sich den Widder auch als ein gerade geborenes Kind vorstellen, das mit einem lauten Schrei verkündet, dass es auf der Welt ist. Vorrangig zählen nur die eigenen Bedürfnisse und die Wahrnehmung der Welt aus der eigenen Perspektive. Über die Konsequenzen des eigenen Handelns kann sich ein Kind noch nicht viele Gedanken machen, da ihm die Erfahrungswerte dafür fehlen. Das macht es mutig, neugierig und furchtlos. Widder sind deshalb sehr spontan und verhalten sich oft sogar naiv, besonders, wenn jemand ihr Vertrauen erlangt hat. Da sie selbst Heucheleien und Lügen nicht in Betracht ziehen, fällt es ihnen schwer, zu erkennen und zu verstehen, dass andere Menschen das sehr wohl tun.

Das große Kraftpotenzial des Widders existiert nicht ohne Grund. Als erstes Zeichen im Jahreslauf begegnet er den anderen Sternzeichen jeweils in deren Hoheitsgebiet, nämlich unter den Vorzeichen jener Aspekte, die auch die

Die gezielte Manipulation der einzelnen Sternzeichen

Häuser der jeweiligen Zeichen prägen. Der Wassermann etwa ist das elfte Zeichen für den Widder und nimmt deshalb unter dem Aspekt der „Freundschaft" Einfluss auf ihn, die auch eines der beherrschenden Themen des elften Hauses ist, dem der Wassermann vorsteht. Das bedeutet, dass sich die manipulative Wirkung der anderen Zeichen auf den Widder noch erhöht. Seine Waffen gegen diese Manipulation sind sein Mut, seine Aufrichtigkeit und sein unbändiger Tatendrang, der ihn von allen anderen Zeichen unterscheidet. Er zögert nicht, er handelt, das ist sein großer Vorteil.

Die größte manipulative Kraft auf einen Widder haben die Menschen mit dem Sternzeichen Skorpion. Sie sind für den Widder das achte Zeichen. Der Widder denkt nicht gerne über tiefe Wahrheiten nach, er stürzt sich gerne in neue Aufgaben und neigt zur Ungeduld. In der Begegnung mit einem Skorpion trifft er auf jemanden, der einen ganz anderen Lebensabschnitt oder eine Jahreszeit verkörpert. Der Skorpion steht für den Tod im Herbst, den nahenden Winter, das Ende des Wachstums, Kälte, Rückzug und harten Überlebenskampf. Skorpione sind verschwiegen und entschlossen, sie misstrauen dem Leben aufgrund vieler entsprechender Erfahrungen und zeichnen sich durch ein großes Durchhaltevermögen aus. Dem Widder sind diese Charakterzüge nicht nur fremd, es ist für ihn unmöglich sie zu verstehen. Für ihn ist das Leben reich, ausgelassen, voller Möglichkeiten. Dem Skorpion gelingt es, dieser Lebensfreude einen giftigen Beigeschmack zu geben, er kann den Widder beständig vor Gefahren warnen, die ihn mutlos machen und an sich zweifeln lassen. Ein Widder, der Angst vor den möglichen Schattenseiten des Lebens hat, wird seine Vitalität einbüßen und damit ein wesentliches Merkmal seines Charakters.

Alternativ kann der Skorpion den Widder dazu anhalten, noch unüberlegter nach vorne zu preschen und sich um Kopf und Kragen zu reden. Unter der Manipulation des Skorpions wird der Widder sich mit Menschen streiten, die für sein berufliches Fortkommen wichtig wären, er wird Türen zuschlagen, statt Brücken zu bauen und am Ende allein dastehen.

Doch auch andere Sternzeichen können durchaus eine große manipulative Kraft auf den Widder erreichen.

Für Personen, die selbst Widder sind oder den Zeichen von Löwe und Waage angehören, dürfte das kein großes Problem sein. Den Widder können Sie hervorragend dazu anstiften, bei heiklen Angelegenheiten nach vorne zu preschen, während Sie selbst im Hintergrund bleiben. Geht es zum Beispiel um die Durchsetzung eines neuen Projektes beim Vorgesetzten, erklären Sie dem Widder einfach, dass er dafür aufgrund seiner Stärke und seiner Position der Beste für diese Aufgabe ist. Das etwa wäre der Weg, den der Schütze wählen würde, wenn er den Widder manipulieren möchte.

Wollen Sie als Widder einen anderen Widder manipulieren, appellieren Sie stets an dessen meist leicht überzogenes Selbstbild – er wird kaum widerstehen können. Sind Sie selbst Widder, dann seien Sie dringend auf der Hut, wenn ein anderer Sie immer wieder in den höchsten Tönen lobt und unablässig bestätigt – es könnte etwas anderes dahinter stecken. Lassen Sie nicht zu, dass Sie Kämpfe für andere ausfechten, die gar nicht Ihre eigenen sind! Wählen Sie gut, wann sich ein Kampf für Sie lohnt und wann er nur anderen nutzt. Diesen Weg der Manipulation wählen etwa die Waage, die Jungfrau und der Löwe. Sie können dem Widder auch das Gefühl geben, dass sich andere über ihn lustig machen oder aber er durch sein mangelndes Taktgefühl beständig Leute vor den Kopf stößt und wie ein ungehobelter Trampel auftritt.

Der Steinbock hingegen wird dem Widder das verwehren, was er am nötigsten braucht: Lob und Anerkennung seiner Leistung. Er wird ihm vorhalten, dass er nicht voraussschauend handelt und deshalb zur Übernahme verantwortungsvoller Aufgaben nicht geeignet ist.

Widder stecken voller Tatendrang. Sie sind impulsiv, vital, agil und dynamisch und zeigen eine große Eigeninitiative. Als Mitarbeiter eignen sie sich daher ganz hervorragend. Es gehört nicht zu ihren Stärken, sich lange Gedanken über die Folgen ihres Handelns zu machen, so dass es sinnvoll ist, dem Widder eine Jungfrau oder einen Steinbock an die Seite zu stellen, der das für ihn übernimmt. Als Freunde und Partner sind sie schnell bereit, für andere in die Bresche zu springen und so anfällig dafür, von anderen benutzt zu werden. Der schnellste Weg zur Manipulation eines Widders sind Schmeicheleien und Lob.

2. Wie man einen Stier manipuliert

Die Jahreszeit des Stieres liegt im Frühling, im Mai. Alles grünt, die Natur zeigt sich im Überfluss. Mangel und Ängste haben hier keinen Platz, im Gegenteil, der Stier steht für materielle Sicherheit und Genuss. Er zeichnet sich aus durch Geduld, Ausdauer, eine Liebe zu Harmonie und Frieden und den schönen Dingen des Lebens. Materieller Besitz, Wohlstand und Gemütlichkeit prägen sein Leben und auch das 2. Haus des Sternzeichens, dem er vorsteht. Gerechtigkeit und Besonnenheit prägen seinen Charakter, er neigt nicht zu vorschnellen Entscheidungen und schließt weder schnell tiefe Freundschaften noch geht er leichtfertig eine Partnerschaft ein. Dafür ist er, sofern man sein Vertrauen gewonnen hat, ein lebenslang treuer Freund und Partner, loyal, zuverlässig und berechenbar. Trennungen treffen ihn tief, denn wenn er einmal eine Entscheidung getroffen hat, dann bleibt er dabei. Willkürliche Gefühlsausbrüche gibt es beim Stier nicht, er ist eher gemächlich und beständig. Das kann leicht in einen Hang zur Bequemlichkeit geraten, der ebenso ein Ansatzpunkt für Manipulation ist, wie die Eifersucht des Stiers oder seine mangelnde geistige Beweglichkeit.

Die größte manipulative Wirkung auf den Stier hat der Schütze als sein achtes Zeichen. Wie jeder andere Mensch ist auch der Stier nicht vor Krisen und Rückschlägen gefeit, allerdings fehlt es ihm oft an Flexibilität in seinen Ideen und Handlungen, um mit diesen Krisen richtig umzugehen. Er muss feststellen, dass sein bisheriges Verhalten nicht mehr funktioniert und sich neuorientieren und genau das gehört nicht zu seinen Stärken. Befindet sich ein Stier in einer wirklichen oder auch nur gefühlten Krise, etwa finanzieller oder beruflicher Natur oder nach einer Trennung, dann haben gerade Schützen leichtes Spiel mit ihm. Sie bieten ihm Trost in Form von Philosophie und Religion an, doch dieser Trost ist mehr eine Zuflucht als eine Lösung für die handfesten Probleme. Ein Schütze kann sich dann als eine Art moralischer oder religiöser Führer etablieren, vielleicht auch anhand fragwürdiger esoterischer Methoden, die dem Stier das Gefühl geben, seine Situation besser überblicken zu können.

Zwilling, Wassermann und Steinbock setzen beide bei der geistigen Unbeweglichkeit des Stiers an. Es ist nicht so, als mangele es ihm an Intellekt, er ist schlicht zu bequem, um mehr zu denken, als er muss. So lange etwas funktioniert, sieht er keine Notwendigkeit, sich in geistigen Höhenflügen zu verlieren. Sowohl der Zwilling und Wassermann als auch Steinbock können den Stier manipulieren, in dem sie ihm direkt oder indirekt einreden, er sei zu dumm, um Zwischentöne zu erkennen oder Sachverhalten zu verstehen.

Die gezielte Manipulation der einzelnen Sternzeichen

Der Steinbock wird ihm vermeintlich einfache Antworten anbieten, so dass der Stier nicht gezwungen ist, selbst nachzudenken, Zwilling und Wassermann werden den Stier verspotten.

Ein weiterer Schwachpunkt des Stieres ist seine Sinnlichkeit. Der Stier liebt leibliche Genüsse aller Art, gutes Essen, Reisen, Massagen und Sex. An dieser Stelle ist er sehr leicht verführbar, was der Krebs, der Widder und der Skorpion für ihren Vorteil auszunutzen wissen. Gerade in Bezug auf Sex ist es leicht, dem Stier regelrecht den Kopf zu verdrehen und ihn zu riskanten, leichtfertigen und unmoralischem Handeln zu verleiten, wenn man ihm großen sexuellen Genuss in Aussicht stellt oder seine Wünsche geschickt zu befriedigen weiß. Er wird gerne bereit sein, sich dafür auch in materieller Hinsicht zu revanchieren.

Da der Stier selbst sehr treu ist und beständige Beziehungen schätzt, neigt er zur Eifersucht. Dabei ist es wichtig zu verstehen, dass der Stier nicht leicht aus der Ruhe zu bringen ist. Lange Zeit wird er gutmütig hinnehmen, was mit ihm geschieht, bis er schließlich mit aller Kraft losschlägt. In solchen Momenten sind ihm die Folgen dieses Handelns egal, so dass ein kontinuierliches Abzielen darauf, ihn eifersüchtig zu machen, schlussendlich von Erfolg gekrönt sein wird.

Den Widder als sein 12. Zeichen findet der Stier geheimnisvoll. Ihm fehlt die Vitalität und Impulsivität des Widders, die ihn zugleich fasziniert und irritiert. Das kann der Widder für sich ausnutzen, denn seine Zuverlässigkeit ist weit weniger ausgeprägt als die des Stieres. Da der Stier Zuverlässigkeit als selbstverständlich betrachtet, wird er nicht damit rechnen, dass ein Kollege, Freund oder Partner ihn einfach im Stich lässt und tief von einem solchen Verhalten getroffen sein. Das macht es möglich, seine Beziehungen zu anderen als auch seine Entscheidungen zu manipulieren.

Krebs und Löwe kennen beide zwei Geheimnisse des Stiers. Zum einen sehnt sich der Stier nach Geborgenheit und Sicherheit, einem Ort, an dem auch er einmal schwach sein kann. Zum anderen sind ihm seine Familie und treue Freunde sehr wichtig und er würde alles tun, um sie zu beschützen. Beide Geheimnisse offenbaren Ansatzpunkte für mögliche Manipulationen. Auch kleinliche Ordnung liegt dem Stier nicht und kann ihn zur Weißglut treiben. Ein anderer Mensch mit dem gleichen Sternzeichen kann den Stier manipulieren, indem er dessen Hang zur Gemütlichkeit auf die Spitze treibt und den Stier so wichtige Aktivitäten versäumen lässt.

Die gezielte Manipulation der einzelnen Sternzeichen

Wenn Sie also als Stier erleben, dass jemand ihnen einfache Antworten auf komplexe Sachverhalte anbietet, ihnen mit atemberaubender Verführungskunst den Kopf verdreht und materielle Gegenleistungen dafür erwartet, wenn Sie in einer Partnerschaft beständig in der Angst leben, dass Ihr Partner Sie betrügt, so ist es sehr wahrscheinlich, dass Sie manipuliert werden. Ebenso verhält es sich, wenn Sie sich in der Gegenwart eines bestimmten Menschen auf einmal einfältig und dumm fühlen. Sobald Sie dieses Verhalten erkennen, ist es an Ihnen, sich dagegen zu verwahren. Besinnen Sie sich auf Ihre Stärken und auf die Menschen in Ihrem Umfeld, auf die Sie sich verlassen können.

3. Wie man einen Zwilling manipuliert

Im Jahreslauf stehen die Zwillinge für eine Zeit, in der der Frühling, die Wärme und die Sonne endgültig die Oberhand über den Winter gewonnen haben. Sorgen und Nöte haben hier keinen Platz, vielmehr ist alles leicht und fröhlich. Das zeichnet auch das Wesen der Zwillinge aus. Sie sind sehr kontaktfreudig, gehen gerne auf andere zu und zeigen sich dabei sehr tolerant. Ihr Motto ist „Leben und leben lassen", Schwarz-Weiß-Denken lehnen sie ab. Das kann dazu führen, dass sie sich auch dann schwertun, Stellung zu beziehen, wenn es unbedingt nötig ist. Andere beschreiben Menschen mit dem Sternzeichen Zwillinge oft, als hätten diese keine eigene Meinung. Der Zwilling ist das Zeichen des dritten Hauses. Hier geht es um Kommunikation, Kontakt, Reisen, Lernen und darum, neue Eindrücke zu sammeln. Der Zwilling zeichnet sich durch eine hohe geistige Flexibilität aus. Sein Denken kann schnell die Richtung wechseln, was wiederum dazu führt, dass er seine Ansichten und Aussagen sehr rasch ändert.

Gleichzeitig ist der Zwilling, anders als Widder und Stier, der geistigen Welt verhaftet. Auch wenn er kein Grübler ist, so beschäftigt er sich doch mit den wichtigen Fragen des Lebens. Er hat gelernt, dass es auf viele Fragen keine eindeutigen oder sogar widersprüchlichen Antworten gibt und ist bereit, das zu akzeptieren. Der Zwilling weiß, dass alles mehr als eine Seite hat, es ist seine große Stärke, ganzheitlich zu denken und Angelegenheiten differenziert zu betrachten. Das Sammeln und Weitergeben von Informationen ist das Metier, in dem er sich auskennt und brilliert. Deshalb eignet er sich hervorragend als Vermittler. Doch der Zwilling hat auch Schwächen. Sein Wankelmut und seine mangelnde Verlässlichkeit machen ihn zu einem schwierigen Partner, sei es im Beruf oder im Privatleben. Er braucht Abwechslung und ständig etwas Neues. Treue ist nicht unbedingt eine Eigenschaft, die ihn auszeichnet. Menschen anderer Zeichen brauchen Eindeutigkeit, für sie ist es nicht nachvollziehbar, dass der Zwilling ein „sowohl als auch" statt „entweder oder" lebt. Das erstreckt sich auf seine Weltanschauung, auf Religion und andere Meinungsverhalte. Der Zwilling weiß nicht, wo er in seinem Leben hinwill, es fehlt ihm an Zielstrebigkeit. Er kann sich nicht gut konzentrieren und hört oft nur mit halbem Ohr hin. Auf andere wirkt er unstet und von einer inneren Unrast angetrieben. Diese Unrast entsteht, weil der Zwilling vor sich selbst davonläuft. Er will nicht in die eigenen Abgründe sehen, aus Angst vor dem, was er dort findet. Innere Einkehr, Ruhe und Gleichmäßigkeit scheut er deshalb wie der Teufel das Weihwasser.

Der Steinbock als sein achtes Zeichen verkörpert das genaue Gegenteil. Der Steinbock verliert nie den Boden unter den Füßen, er lässt sich nicht beirren und ist ehrgeizig, eindeutig und zielstrebig. Seine Entschlossenheit verschafft dem Steinbock einen eindeutigen Vorteil gegenüber den Zwillingen. Er kann dem Zwilling auf kompromisslose Art und Weise einen Spiegel vorhalten und ihm die wesenhafte Wankelmütigkeit als Charakterschwäche auslegen. Er wird dem Zwilling zeigen, dass er mit seiner Ruhelosigkeit vor sich selbst davonläuft und sich weigert, erwachsen zu werden. Sind Zwillinge von einer Krise ganz gleich welcher Natur betroffen, so werden sie für diese Art von Manipulation besonders anfällig sein. Der Steinbock kann den Zwilling zu selbstzerstörerischem Verhalten anstiften oder sich als Retter aus der Krise gerieren, so dass der Zwilling lebenslang an ihn gebunden ist, eine Verpflichtung, die der Zwilling verabscheut.

Ähnlichen manipulativen Einfluss hat der Stier. Mit seiner Gemächlichkeit kann er einen lähmenden Einfluss auf den sprunghaften Zwilling haben. Er wird den Zwilling immer wieder dazu ermahnen, bindende finanzielle Verpflichtungen wie einen Mietvertrag, Versicherungen oder einen Autokauf einzugehen, da diese zum Erwachsenwerden gehören. Der Zwilling scheut Verpflichtungen dieser Art aber, weil er seine eigene

Unzuverlässigkeit kennt. Der Zwilling wird sich weder um die eigene noch um die materielle Absicherung seiner Familie kümmern und so immer wieder in Situationen geraten, in denen er auf die Hilfe anderer angewiesen ist. An diesem Schwachpunkt setzen auch die Jungfrau und der Skorpion an.

Die Widersprüchlichkeit, die der Zwilling nach außen verkörpert, macht sich der Löwe zu Nutze, der vor allem vor anderen diese Widersprüchlichkeit immer wieder betont und vorführt, so dass dem Zwilling mit Misstrauen und Distanz begegnet wird. Der Löwe macht sich die unruhige Natur des Zwillings ebenso zu Nutze wie es Waage, Krebs, Wassermann und Fische tun. Wer einen Zwilling manipulieren will, muss ihn nur mit etwas Neuem, Spannenden, noch nie dagewesenem dazu verführen, das vermeintlich Bekannte und Vertraute über den Haufen zu werfen. Der Zwilling kann dieser Verführung nicht widerstehen. Auch andere Zwillinge können diese Schwäche ausnutzen, häufig in Verbindung mit einer Abschirmung des manipulierten Zwillings vor allen anderen Einflüssen.

Wenn Sie selbst zum Sternzeichen Zwillinge gehören, dann seien Sie auf der Hut davor, wenn jemand Sie mit neuen Aktivitäten und Ideen dazu verführen will, Vertrautes und Altbewährtes aufzugeben. Sicherheit und Stabilität sind nicht nur als Kennzeichen von Spießigkeit und Stillstand zu betrachten, sondern notwendige Stützpfeiler für ein stabiles und erfolgreiches Leben. Die Anziehungskraft, die von neuen Ideen ausgeht, muss sorgfältig auf ihre Konsequenzen hin abgewogen werden. Achten Sie darauf, dass Ihr Verhalten bei anderen nicht wankelmütig und unzuverlässig wirkt, vermitteln Sie Zuverlässigkeit und scheuen Sie sich nicht, Farbe zu bekennen, wenn es notwendig ist.

4. Wie man einen Krebs manipuliert

Der Krebs ist das erste Sternzeichen des Sommers. Sein Wesen ist gekennzeichnet durch Milde und Weichheit. Er lässt sich ganz von seinem Gefühl leiten, verstandesorientierte Analysen sind nicht die Grundlagen seiner Entscheidungen. Krebse sind geprägt durch ein großes Mitgefühl, Anteilnahme und eine starke Hilfsbereitschaft. Diese Aspekte machen sie anfällig für Manipulationen. Ihre Wesensveranlagung macht sie leicht beeinflussbar. Sie sind emotional und leicht verletzlich, sie reagieren schnell mit Rückzug und lassen sich nicht gerne auf etwas Neues ein. Sie lieben Antiquitäten, das Alte, Vertraute und sind ausgeprägte Familienmenschen, die sich intensiv mit ihrer Herkunft beschäftigen.

Diese Themen sind auch prägend für das vierte Haus, dem die Krebse vorstehen. Religion und Esoterik können in ihrem Leben eine große Rolle spielen, allerdings neigen Krebse dazu, schon fast fanatisch an ihren Überzeugungen festzuhalten und sind nur selten bereit, ihre Ansichten zu reflektieren.

Krebse fühlen, wo andere denken und übersehen dabei leicht, dass Gefühle keinen objektiven Charakter haben, sondern das Ergebnis unserer Herkunft und der bisherigen Erfahrungen in unserem Leben sind. Oft ist es nötig, eine gefühlte Reaktion zu hinterfragen, um zu prüfen, ob sie vor den realen Tatsachen überhaupt angemessen ist oder Bestand hat. Diese Fähigkeit geht den Krebsen fast vollständig ab. Sachlichkeit ist eine Ebene, die in ihrer Wahrnehmung nicht existiert, sie betrachten alles durch die Brille ihrer Gefühle. Gefühle aber sind leicht manipulierbar, so dass andere Menschen Krebse häufig zu ihren Gunsten beeinflussen.

Die größte manipulative Wirkung auf den Krebs hat der Wassermann als achtes Zeichen. Er erfasst die Sehnsucht des Krebses nach Geborgenheit und emotionaler Sicherheit und spielt mit ihr. Er kann den Krebs damit drohen, ihn in einer Krisensituation zu verlassen oder dessen Hilfsbereitschaft bis hin zur völligen Selbstaufgabe ausnutzen, ein Ansatz, der auch vom Schützen und der Jungfrau verfolgt wird. Der Krebs entwickelt leicht Gefühle für andere, die ihn in einen regelrechten Strudel reißen können, wenn der andere sie nicht erwidert oder zwiespältig auf sie reagiert. Es fällt ihm eher schwer zu glauben, dass ihn jemand um seiner selbst willen liebt, so dass er bereit ist, große Anstrengungen auf sich zu nehmen, um Liebe und Geborgenheit zu erhalten. Der Wassermann nimmt Krisen nicht sehr schwer, deshalb kann er das Ausmaß der emotionalen Verunsicherung, in der sich der Krebs vermutlich befindet, nicht erfassen. Er wird dem Krebs das Gefühl geben, dass dieser eine überzogene

Reaktion an den Tag legt, so dass der Krebs kein Vertrauen mehr in seine eigenen Gefühle hat und hilflos wird.

Krebse sind darauf angewiesen, Rückzugsmöglichkeiten zu haben, in denen sie sich vor emotionalen Verletzungen schützen können. Der Widder als zehntes Zeichen nimmt dem Krebs diese Rückzugsmöglichkeiten gezielt, er treibt ihn regelrecht vor sich her, bis der Krebs erschöpft aufgibt. Dem Krebs ist Erfolg nicht wichtig, ebenso muss er sich nicht durch ständige Aktivität auszeichnen. Er ist mehr wie ein Schwamm, der Impulse von anderen aufsaugt. Der Jungfrau ordnet sich der Krebs allzu bereitwillig unter, Löwe und Schütze fügen ihm durch bissige Bemerkungen und Abwertung seiner ideellen Werte emotionale Verletzungen zu. Dem Steinbock gelingt es, die gefühlsbasierte Wahrnehmung des Krebses ständig zu relativieren. „Stell dich nicht so an" oder „Sei doch nicht so emotional" sind klassische Aussprüche in dieser Art der Manipulation, die der Manipulation durch den Wassermann ähneln, allerdings keine so große Wirkung erzielen.

Fische bieten sich dem Krebs nicht nur als esoterisches Medium an, sie neigen auch dazu, dessen Hang zu emotionalen Äußerungen noch zu verstärken, der leicht in eine Art Egoismus umschlägt, in dem nur noch die eigenen Gefühle zählen.

Der sprunghafte Zwilling übt auf Krebse eine große Faszination aus, obwohl sie auf dessen Stimmungswechsel leicht gekränkt und beleidigt reagieren. Aus einer solchen Beziehung kann leicht eine emotionale Abhängigkeit entstehen, die der Zwilling durch willkürliches Hin- und Herwechseln zwischen Nähe und Abweisung hervorruft – für den Krebs eine fast tödliche Falle.

Im Generellen gibt es beim Krebs verschiedene Ansätze zur Manipulation. Seine Emotionen machen ihn anfällig dafür, ihm Gefühle regelrecht einzureden oder sie zu relativieren. Außerdem reagieren Krebse schnell beleidigt oder gekränkt. Ein völliger Rückzug ist die Folge, wenn man ihre Gefühle nicht ernst nimmt oder sie gezielt emotional verletzt. Auf diese Weise lassen sie sich als mögliche Konkurrenten aus dem Weg räumen. Sie haben eine große Sehnsucht nach Geborgenheit, Familie und Privatleben sind ihnen sehr wichtig. Wer an dieser Stelle ansetzt, kann die Hilfsbereitschaft des Krebses ausnutzen. Besonders andere Krebse machen sich diese Einsichten zu Nutze.

Wenn Sie selbst Krebs sind und durch einen anderen Menschen ständig durch eine emotionale Achterbahn gejagt werden, dann ist die Wahrscheinlichkeit groß, dass dieser Mensch kein echtes Interesse an Ihnen hat, sondern Sie aufgrund Ihrer wesensbedingten Schwachstellen manipuliert. Seien Sie vorsichtig, wenn sich jemand anderes allzu schnell in Ihre Familie und in Ihre Rückzugsräume drängt und überprüfen Sie, ob bei einem Sympathiegefühl wirklich die andere Person ausschlaggebend ist, oder es sich nur um eine Projektion Ihrer eigenen Sehnsucht handelt. Es ist gut, für andere Menschen dazu sein, doch verlieren Sie nie Ihre eigenen Ziele und Werte aus den Augen.

5. Wie man einen Löwen manipuliert

Mit dem Löwen beginnt im Jahreslauf der Hochsommer. Die Sonne steht gleißend am Himmel, wer kann, sucht sich einen schattigen Platz und wartet, bis die Hitze vorbei ist. Löwen als Raubkatzen schlafen die meiste Zeit, nur wenn sie hungrig sind, ziehen sie für einen kurzen Zeitraum eindrucksvoll zur Jagd und kehren mit Beute zurück. Übertriebene Aktivität ist ihre Sache nicht, lieber faulenzen sie. Gleichzeitig sind sie majestätische Tiere, unübersehbar und beeindruckend.

Viele dieser Eigenschaften finden sich auch beim Sternzeichen Löwe. Wenn sie einen Raum betreten, dann verlangen sie die volle Aufmerksamkeit aller Anwesenden. Sie sind laut, extrovertiert und lieben es, im Mittelpunkt zu stehen. Im besten Falle dreht sich alles um sie. Sie sind der festen Überzeugung, dass ihre pure Existenz ausreicht, um von allen bewundert zu werden. Sie verfügen über große Kraft, doch nur wenig Ausdauer, so dass kontinuierliche Betätigung nicht zu ihren Stärken gehört, im Gegenteil: Sie neigen dazu, sich zu verausgaben, wenn sie dafür den entsprechenden Applaus erhalten. Bewunderung ist ihre Seelennahrung, ohne sie können sie nicht existieren. Sie lieben die Sonne und die Wärme, von den dunklen und kalten Seiten des Lebens, von Anstrengung und einem Leben im Hintergrund wollen sie nicht wissen. So setzen sie ihre Kräfte geschickt da ein, wo sie die meiste Aufmerksamkeit erreichen – nicht selten überrumpeln Löwen dabei den ein oder anderen. Löwen sind weitherzig und mutig, sie haben einen ausgeprägten Beschützerinstinkt und aufgrund ihrer großen Strahlkraft können sie Menschen begeistern und mitreißen. Sie sind die Repräsentanten des 5. Hauses, in dem sich alles um Selbstausdruck und Kreativität dreht.

Wer nun einen Löwen manipulieren möchte, der kann sich verschiedene Aspekte der Löwennatur zu Nutze machen. Zum einen ist da das große Bedürfnis nach Anerkennung, Lob und Bewunderung. Zwilling und Waage etwa machen sich diese Schwachstelle zu Nutze, in dem sie den Löwen in der Öffentlichkeit in intellektuelle Diskussionen verwickeln, in denen er am Ende inkompetent und uninformiert wirkt. Je mehr Zuseher dieses Schauspiel sehen, umso durchschlagender ist die Wirkung. Für den Zwilling ist alles, was mit Kommunikation zu tun hat, ohnehin ein Heimspiel, während die Waage dem Löwen als drittes Zeichen begegnet und so eine große manipulative Wirkung im Bereich Kommunikation hat. Sie kann dem Löwen auch einreden, dass jemand versucht, ihm seinen Platz an der Sonne, als Anführer streitig zu machen. Diese Rolle würde ein anderer Löwe übernehmen, der einen Menschen mit dem Sternzeichen Löwen manipulieren will.

Der Krebs als zwölftes Zeichen bleibt für den Löwen geheimnisvoll, die emotionalen Zwischentöne, die der Krebs mit Leichtigkeit erkennt, bleiben ihm verborgen. Das eröffnet dem Krebs die Möglichkeit, dem Löwen wahlweise ein schlechtes Gewissen einzureden oder an seine Großzügigkeit zu appellieren.

Der Löwe wirft gerne mit Geld um sich, da dies sein Ansehen erhöht, obwohl er nicht unbedingt gut mit Geld umzugehen weiß. Gerne schmeißt er die eine oder andere Party und macht teure Geschenke. Die Jungfrau ködert ihn mit Geld, das sie aber an Verpflichtungen bindet. So macht sie aus dem Raubtier einen zahnlosen und ungefährlichen Löwen und gibt ihn der Lächerlichkeit preis – eine der schlimmsten Strafen für den Löwen.

Einen ähnlichen Ansatz verfolgt der Stier, den der Löwe oft als zu lahm und langweilig empfindet, der dem Löwen aber oft in einer überlegeneren Position begegnet. Stellt es der Stier geschickt an, dann verwirrt er den Löwen, in dem er ihn mal lobt und mal abwertet, ganz unabhängig von den Leistungen und dem Verhalten des Löwen. Diese Willkür wird ihn schier wahnsinnig machen.

Menschen mit dem Sternzeichen Steinbock nutzen die eher bequeme bis faule Veranlagung des Löwen für sich aus. Zum einen können sie eine Abhängigkeit erschaffen, in dem sie lästige Aufgaben für den Löwen übernehmen, zum anderen können sie ihn zu sinnloser Disziplin antreiben, die den

Löwen leicht erschöpft und ihm keine Gelegenheit mehr lässt für die großen Auftritte, die er so liebt.

Der Wassermann übt eine große Anziehungskraft auf den Löwen aus und die beiden geben oft ein besonders populäres Paar ab. Zu tiefen und dauerhaften Gefühlen sind aber beide häufig nicht in der Lage, dazu sind sie zu ichbezogen. Zerbricht eine solche Verbindung, fürchtet der Löwe wieder am meisten um seine Popularität und sein Ansehen, was ihn durchaus erpressbar macht.

Den größten Einfluss auf den Löwen haben Menschen mit dem Sternzeichen Fische.

Der Löwe als stolzes Sternzeichen kann mit Niederlagen und Rückschlägen nicht gut umgehen. Rasch wird er an sich selbst zweifeln und fürchten, von anderen verspottet zu werden. Scham ist in Krisensituationen ein starker Motor des Löwen. Fische können ihm in solchen Situationen allerlei dubiose Wege anbieten, um die Krise zu bewältigen, ohne sein Gesicht zu verlieren.

So abwegig die Vorschläge auch sind, der Löwe wird sich aus Angst vor dem Gesichtsverlust auf sie einlassen. Die Fische machen sich die latente Oberflächlichkeit des Löwen zu Nutze, der nur selten über transzendente Fragen nachdenkt, in Krisensituationen aber anfällig dafür ist, alles zu glauben, was ihm ein vermeintlicher Experte darüber erzählt, wenn es nur hilfreich für seine Situation ist.

Als Sternzeichen Löwe ist es wichtig, sich nicht allzu sehr abhängig von der Meinung und Anerkennung anderer zu machen. Gesellschaftliches Ansehen ist nicht alles. Große Geldgeschenke, an die Verpflichtungen geknüpft sind und Menschen, die Ihnen zu bereitwillig ihre Hilfe anbieten in Bereichen, die Ihnen eher lästig sind, sind Warnsignale: Hier könnte jemand versuchen, Sie zu manipulieren. Vertrauen Sie auf Ihre Selbstsicherheit und auf Ihre Intuition.

6. Wie man eine Jungfrau manipuliert

Das Sternzeichen Jungfrau steht für alles, das mit Ordnung, Planung, Organisation und Systematik zu tun hat. Das ist kein Wunder, ist doch ihre Zeit die des Altweibersommers, wenn es darangeht, die Früchte des Sommers zu ernten und einzulagern für den Winter. Die Jungfrau weiß um die nahende Kälte und Zeit der Entbehrung, deshalb legt sie Vorräte an. Durch ihre ausgeprägte Ordnung versucht sie, das Chaos in den Griff zu bekommen und mögliche Krisen abzuwehren. Sie steht zugleich für Vor- und Fürsorge, für das Prinzip der Mütterlichkeit. Sie ist nüchtern und zurückhaltend und es fällt ihr leicht, andere Menschen zu durchschauen, während sie sich selbst nur sehr ungern in die Karten blicken lässt. Untätigkeit kann sie nur schwer ertragen, sie braucht ständig eine Beschäftigung und wenn diese nur das Aufräumen und Ordnen von Dingen ist. Sie handelt vorausschauend und zieht alle Möglichkeiten in Betracht, um auf sie vorbereitet zu sein, was hin und wieder in latenten Pessimismus umschlagen kann.

Als Repräsentantin des 6. Hauses steht die Jungfrau für alles, was mit der alltäglichen Lebenssicherung zu tun hat, für Beruf, Alltag, Haushalt, Erhaltung der Gesundheit und Kindererziehung. Die großen Gefühle, die abenteuerlichen Ideen reizen die Jungfrau nicht, sie beschränkt sich darauf, die Unabwägbarkeiten des Lebens durch Ordnung zu zähmen und so auf alle Eventualitäten vorbereitet zu sein.

Das Sternzeichen mit dem größten Einfluss auf Sie sind Menschen vom Sternzeichen Widder, da diese ihr achtes Zeichen sind. Der impulsive Widder trägt Chaos und Unordnung in das wohlgeordnete Leben der Jungfrau, wie eine Naturgewalt bricht er in ihre kleine beschauliche Welt ein. Er kann ein Verführer sexueller Natur sein oder nur ein guter Freund oder eine gute Freundin. Er wird sie zu spontanen Ausflügen animieren oder zu langen Partynächten, so dass sie nicht mehr in der Lage ist, ihren gewohnten Alltag aufrecht zu erhalten. Die pedantische Jungfrau kann diese Abweichungen nicht gut aushalten oder flexibel auf sie reagieren, es wird sie verunsichern und ihr die Bodenhaftung entziehen.

Auch der Stier versucht auf sie durch Ablenkung Einfluss zu nehmen, wahlweise auch durch teure Geschenke, die in den Augen der Jungfrau die Verhältnismäßigkeit übersteigen, so dass sie sich verpflichtet fühlt.

Menschen mit dem Sternzeichen Krebs fällt es leichter als anderen, das Vertrauen der Jungfrau zu gewinnen. Sie bieten sich als Schulter zum Ausweinen an, wenn der Kampf mit dem Alltag einmal wieder besonders mühsam ist oder die

Die gezielte Manipulation der einzelnen Sternzeichen

Jungfrau für ihre Anstrengung keinerlei Dank erhält. Er kann sie dazu bringen, sich nicht mehr nur durch sachliche Überlegungen, sondern auch durch subjektive Gefühle leiten zu lassen.

Der Löwe als zwölftes Zeichen der Jungfrau ist ihr unheimlich. Sie steht nicht gerne im Rampenlicht und sie durchschaut, dass hinter seinem lauten Gebrüll oft nur heiße Luft steckt. Trotzdem kann der Löwe sie verunsichern und einschüchtern, seine bloße Präsenz reicht dazu oft schon aus.

Die Waage hingegen macht sich als Vermittler bei anstehenden Veränderungen unentbehrlich während der Skorpion die Jungfrau in Streitgespräche verwickelt, die ihr wichtige Energie abzapfen.

Das Sternzeichen Schütze zielt auf einen besonders wunden Punkt der Jungfrau ab: Die Sorge um und Fürsorge für ihre Familie. Sie ist eine der wichtigen Wurzeln im Leben der Jungfrau. Der Schütze entfremdet sie gezielt von ihrer Familie, lässt sie Verabredungen nicht einhalten und vergesslich werden. „Denk doch mal an dich!", wird er ihr einflüstern.

Obwohl sich Steinbock und Jungfrau eigentlich gut verstehen, weiß der Steinbock, dass die Jungfrau mit plötzlichen Änderungen in einem vereinbarten Ablauf nur sehr schwer zurechtkommt. Bei einer Zusammenarbeit ganz gleich welcher Natur wird er an dieser Schwachstelle ansetzen. Menschen mit dem gleichen Sternzeichen können die Jungfrau in ihrem pedantischen Verhalten so sehr bestätigen, bis sie auf andere selbstgerecht und freundlos wirkt.

Menschen mit dem Sternzeichen Jungfrau können erfolgreich manipuliert werden, wenn gezielt Chaos in die für sie überlebenswichtige Ordnung gebracht wird. Wer an den Grundfesten ihrer Existenz, nämlich Vorbereitung, Planung, Ordnung, Organisation und Fürsorge rüttelt, der wird die Jungfrau bald verunsichert und sogar verzweifelt finden.

Wenn Sie selbst eine Jungfrau sind, dann ist es ratsam, sehr genau darauf zu achten, ob jemand Ihre Alltagsabläufe respektiert, oder aber immer wieder gezielt mit vermeintlich guten Absichten stört. Zu diesen Menschen gehören jene, die unangemeldet vorbeischauen, obwohl sie wissen, dass Sie zu tun haben, die Sie in Gespräche verwickeln, wenn Sie eigentlich auf dem Sprung sind und Sie davon abhalten, pünktlich und gut vorbereitet zu Terminen und Verabredungen zu erscheinen. Diese Menschen könnten eine Manipulationsabsicht haben. Gleiches gilt für

Menschen, die Ihnen teure Geschenke machen und Sie zu spontanen Aktivitäten verleiten. Spontanität an sich ist keine Tugend, man muss für sie geschaffen sein. Als Jungfrau fällt ihnen das eher schwer und es ist richtig, auf die eigenen Bedürfnisse zu hören und sich nicht überrumpeln zu lassen. Wer unvorbereitet eine Nacht durchmacht, muss damit leben können, dass er am nächsten Tag nicht viel erledigt bekommt.

Wägen Sie gut ab, ob Sie diese Art von Kompromissen eingehen können und achten Sie darauf, sich selbst nicht zu verlieren.

7. Wie man eine Waage manipuliert

Die Waage steht im Jahreslauf für jene Monate, in denen der Herbst noch einige warme und sonnige Tage beschert, der Winter jedoch bereits vor der Tür steht. Die Gegensätze zwischen Überfluss und Mangel, Wärme und Kälte, Licht und Dunkelheit zu überwinden, bedarf einer großen Anpassung und so ist die Waage ein Meister der Anpassung. Sie sucht stets den Ausgleich, das verbindende Element. Radikale Ansichten und Extreme sind ihre Sache nicht.

Für Menschen mit dem Sternzeichen Waage ist der Kontakt zu und der Austausch mit anderen Menschen überlebenswichtig. Isolation und Einsamkeit sind für sie schrecklich und nur schwer zu ertragen. Überhaupt beschäftigen sie sich gerne mit den schönen Dingen des Lebens, mit Kunst, Kultur, Reisen, guten Essen und sogar ein Hang zum Luxus ist bei der Waage spürbar, immerhin ist ihr Zeichen noch geprägt von der Erfahrung des Überflusses im Sommer.

Die Waage denkt gerne groß, die Arbeit an Details gehört nicht zu ihren Stärken. Sie ist großzügig, ohne dabei im Mittelpunkt stehen zu wollen, wie es etwa der Löwe tut und wirkt auf andere charmant und anziehend. Diese Anziehungskraft verleiht ihr schon aufgrund ihres Wesens eine gewisse manipulative Wirkung auf andere, zugleich ist ihre Abhängigkeit vom Kontakt mit anderen ihre größte

Schwachstelle.

Eine ihrer wichtigsten Charaktereigenschaften ist der ausgeprägte Gerechtigkeitssinn, der sie dazu bringt, Ungerechtigkeiten anzumahnen und aktiv zu bekämpfen, ganz gleich, ob sie selbst betroffen ist oder andere. Dahinter steckt auch die Neigung, stets allen gerecht zu werden, was per se ein Ding der Unmöglichkeit ist.

Zugleich sind Waagen oft zögerlich und unentschlossen, weil sie keiner Seite den Ausschlag geben wollen. Das macht sie in Krisensituationen schwerfällig und passiv.

Als Sternzeichen prägen sie das siebte Haus. Hier geht es um die Themen Anziehung, Partnerschaft und Harmonie. Die Waage versucht, mehr über sich selbst zu erfahren im Spiegel anderer. Die Energien fließen, es geht um Respekt und Miteinander, statt Rückzug und Abschottung.

Den größten Einfluss auf Menschen mit dem Sternzeichen Waage können Personen mit dem Sternzeichen Stier nehmen. Der Stier ist für die Waage das achte Zeichen. Krisensituationen erfordern eindeutige und vor allem schnelle Reaktionen und entschlossenes Handeln. Genau daran mangelt es der Waage aufgrund ihrer Wesensveranlagung. Der Stier kann ihr mit praktischen Ratschlägen zur Seite stehen oder gleich in ihrem Auftrag handeln. Das macht die Waage abhängig von der Gunst des Stiers und anfällig für seine Bevormundung. Alternativ kann der Stier die Waage in echte Bedrängnis bringen, indem er sie zu Entscheidungen regelrecht zwingt.

Zum Widder fühlt die Waage eine große Anziehung, doch dieser verfolgt häufig eigene Pläne. Da der Waage Freundschaft und Vertrauen so wichtig sind, ist es für sie nicht leicht zu verstehen, dass jemand Vertrauen mutwillig für eigene Interessen missbraucht und sie hinter das Licht führt.

Der Zwilling hingegen missbraucht den Gerechtigkeitssinn der Waage und manipuliert sie, so dass sie zu einem ungewollten Komplizen bei ungerechtem Verhalten wird. Auch der Krebs verfolgt diesen Ansatz und mutet der Waage zu viele Aufgaben zu, in dem er von gerechter Verteilung und Verantwortung spricht. Vielleicht wird er sich auch selbst als emotional labil ausgeben, so dass die Waage in die Bresche springt.

Die Jungfrau als zwölftes Zeichen ist für die Waage nur schwer zu verstehen. Sie erkennt, dass der Ordnungssinn der Jungfrau für sie von Vorteil sein kann und lässt zu, dass die Jungfrau über entscheidende Aspekte des eigenen Lebens die Kontrolle übernimmt – natürlich immer unter dem Vorwand, das sei nur zum Besten der Waage.

Waagen brauchen den ständigen Austausch mit anderen. Man findet sie häufig bei Stammtischen oder an anderen Orten, an denen viel gesprochen wird. Auf diese Weise versichert sich die Waage ihrer eigenen Identität. Wenn man die Waage von diesen sozialen Kontakten abschneidet, etwa, indem man sie in Verruf bringt oder emotional erpresst, wie es in Partnerschaften oft möglich ist, dann fällt die Waage regelrecht in sich zusammen. Ohne den ständigen Kontakt zu anderen ist sie nichts. Gleiches gilt, wenn die Waage ihren Hang zum Schönen nicht mehr ausleben kann, etwa, weil ihr die Geldmittel ausgehen. Sie wird sich bald depressiv und mutlos fühlen.

Mit Krisen kann die Waage im Generellen nicht gut umgehen, sowie mit Extremen aller Art. Im Krisenfall wird sie leicht dazu neigen, das Gleichgewicht zu verlieren und ist anfällig für Einflüsterungen und Beeinflussung. Besonders andere Waagen können einen Menschen mit dem Sternzeichen Waage dazu verleiten, den Kopf in den Sand zu stecken und damit alles nur noch schlimmer zu machen.

Als Waage sollten Sie sich davor hüten, andere die Entscheidungen über Ihr Leben treffen zu lassen, ganz gleich wie schwer Ihnen das fällt. Eine solche Unterstützung kommt immer mit einem Preis und bekommt nur allzu leicht den Charakter einer Bevormundung.

Besonders bei Menschen mit dem Sternzeichen Stier ist Achtsamkeit ratsam, wenn diese Sie zu Entscheidungen drängen oder für Sie handeln.

Gerechtigkeit ist wichtig, doch prüfen Sie sorgsam, ob wirklich eine Ungerechtigkeit vorliegt, wenn jemand versucht, Gerechtigkeit als Grund für eine

Erwartungshaltung zu benutzen.

Pflegen Sie die für Sie so wichtigen Kontakte gut und lassen Sie nicht zu, dass sich jemand zwischen Sie und Ihre Freunde drängt. Legt es jemand darauf an, Sie zu isolieren, ist es sehr wahrscheinlich, dass Sie manipuliert werden.

8. Wie man einen Skorpion manipuliert

Die Zeit des Skorpions beginnt Ende Oktober, eine ungemütliche Jahreszeit. Es wird früh dunkel, Nebel verdecken die Sonne und es ist kalt und regnerisch. Vorbei der Sommer, vorbei der goldene Herbst. Kein Wunder, dass in diese eher trostlose Jahreszeit die sogenannte Gedenkzeit mit dem Totensonntag und Allerheiligen fällt. Es ist die Zeit, in der jedem bewusstwird, dass der Tod ebenso zum Leben gehört wie die Geburt.

Menschen mit dem Sternzeichen Skorpion zeichnen sich durch ihren starken Willen, ihre Wandlungsfähigkeit und ihre Zähigkeit aus. Sie sind in der Lage, Krisen zu meistern, in dem sie eine vollständige Transformation durchlaufen. Sie nehmen den Kreislauf des Lebens für sich an und scheuen auch dessen Schattenseiten nicht. Für Oberflächlichkeit hat der Skorpion keinen Sinn, ihm geht es darum, die Wahrheit zu ergründen. Er zeigt sich verschlossen und kritisch und hat eine schier unverwüstliche Arbeitskraft. Für ihn gibt es keine halben Sachen, hat er sich etwas in den Kopf gesetzt, so verfolgt er dieses Ziel hartnäckig. Hier offenbart sich eine seiner Schwachstellen: Hat sich der Skorpion erst einmal auf eine Idee festgelegt, dann ist er oft so fixiert, dass er nicht mehr von ihr lassen kann, auch wenn längst klar ist, dass sie nicht durchführbar ist. So verschwendet er oft wichtige Zeit, bis er bereit ist, eine neue Idee zuzulassen, der er sich dann mit der gleichen Hingabe widmet. Skorpione sind Perfektionisten, die beständig die eigenen Grenzen – und die anderer – austesten. Für sie gibt es nur „Schwarz" oder „Weiß", Zwischentöne erscheinen ihnen heuchlerisch und falsch.

Wenn sie sich für eine Sache einsetzen, dann kämpfen sie erbarmungslos und wer plant, einen Skorpion zu manipulieren, der sollte gewarnt sein: Kommt der Skorpion hinter diese Manipulationsabsicht, so wird er durch nichts zu besänftigen sein. Plumpe Manipulationen würde er übrigens sofort durchschauen und entsprechend ahnden. Bei einem Skorpion gibt es keine zweite Chance und auch Entschuldigungen helfen nichts, wenn man einmal sein Vertrauen verloren hat.

Er repräsentiert das achte Haus, in dem es um Krisen im Allgemeinen geht. Armut, Krankheit, Trauer und Verlust prägen dieses Haus zusammen mit der Chance, etwas Neues aus der Krisenerfahrung entstehen zu lassen, sich selbst ganz neu zu erfinden und das alte Leben wie eine zu klein gewordene Hülle einfach abzustreifen.

Skorpione können einem Streit oder einer Herausforderung nur schwer aus dem Weg gehen, ebenso wenig können sie einen Konflikt aushalten, ohne ihn auszufechten. Das ist ein weiteres Einfallstor für Manipulationen, das sich andere Menschen zu Nutze machen können.

Für den Skorpion ist der Zwilling das achte Zeichen und damit das mit der größten manipulativen Kraft auf ihn, doch gleichzeitig begegnet der Zwilling dem Skorpion auf dessen vertrauten Terrain: dem Umgang mit Krisen. Der Skorpion hat keine Angst vor Krisen, denn er kennt seine Stärken und Schwächen sehr genau und weiß, wer er ist. Es kann dem Zwilling gelingen, den Skorpion zu manipulieren, wenn er sich in Andeutungen verliert und dem Skorpion keinen konkreten Angriffspunkt gibt. Geht es zum Beispiel um eine Trennung, so wird es den Skorpion zur Weißglut treiben, wenn der Zwilling sich immer wieder der Kommunikation entzieht und unkonkrete Aussagen trifft.

Die Waage als 12. Zeichen hingegen wird die Entschlossenheit des Skorpions und seine Streitlust als eine Schwäche auslegen. Seine Suche nach absoluten Wahrheiten und eindeutigen Aussagen wird in ihrer Darstellung zu einer kindlichen bis naiven Weltanschauung, die jeden Realitätssinn vermissen lässt. Das kann den Skorpion durchaus verunsichern.

Zum Stier fühlt sich der Skorpion hingezogen, da dieser sein 7. Zeichen ist. Zwischen den beiden kann ein prickelndes Sexabenteuer entstehen, allerdings wirkt der Stier auf den Skorpion mit seiner Gemütlichkeit einschläfernd.

Die Jungfrau etwa wird die Schwachstellen des Skorpions mit Leichtigkeit erkennen und ihn zu Streitigkeiten provozieren, so dass er beispielsweise den Kontakt zu wichtigen Menschen und Familienmitgliedern abbricht. Einen ähnlichen Ansatz verfolgt auch der Wassermann, wenn er Manipulationsabsichten hat, vor allem mit dem Versuch dem Skorpion sein radikales Potenzial abzuschwächen und ihn zu konservativen Zielen zu zwingen, während es der Schütze eher auf das Berufsleben abgesehen hat.

Krebs und Fische können eine beruhigende bis besänftigende Wirkung auf den Skorpion haben, doch sie lassen sich nicht eindeutig auf eine Haltung festnageln, was den Skorpion irritiert. Er braucht klare Aussagen.

Als Skorpion bringen Sie die besten Eigenschaften mit, um sich vor Manipulationen zu schützen: Sie sind wachsam, gehen ungern Kompromisse ein und suchen in allem die Wahrheit. Von Natur aus sind Sie auf der Hut vor ungewollten Beeinflussungen und lassen ohnehin nicht

gerne jemanden nah an sich heran. Vieles an Ihnen bleibt
anderen für immer verschlossen. Das gibt Ihnen Sicherheit.
Wachsamkeit ist angeraten, wenn sich jemand weigert, klare
und verbindliche Aussagen zu machen und Sie hinhält. Das
gilt auch für Personen in Ihrem Umkreis, die Sie regelrecht
dazu anstacheln wollen, sich mit anderen zu überwerfen,
ohne dass es die Aussicht auf eine Versöhnung gibt. Stellen
Sie sicher, dass Sie selbst es sind, der auswählt, mit wem und
warum er sich streitet.

9. Wie man einen Schützen manipuliert

Schützen sind die Idealisten unter den Sternzeichen. Stets streben sie nach Höherem, nach etwas, das über die materielle Welt hinausgeht. Der Zusammenhang mit der Jahreszeit, die sie repräsentieren, ist offenkundig: Alles liegt erstarrt unter einer Schneedecke, kein Wachstum findet in der Natur mehr statt. Was bleibt, ist die innere Einkehr, die Hinwendung zu etwas, das nicht im Außen, sondern nur im Inneren zu finden ist, in Büchern, Gesprächen und Gedanken.

Schützen sind zutiefst moralische Menschen. An ihren Prinzipien halten sie unerschütterlich fest und es kann sie sehr aufregen, wenn andere sich weniger prinzipientreu zeigen. Alles, was mit Religion, Ethik, Moral und Philosophie zu tun hat, gehört zu den Kernbereichen der Schützen. Hier kennt er sich aus und hier führt er gerne leidenschaftliche Gespräche.

Schützen sind die Mahner, die beständig daran erinnern, dass Verstand und Herz andere Handlungsrahmen vorgeben als nur die bloße Befriedigung primärer Bedürfnisse wie Hunger und Durst. Seinem Verstand, seiner Seele verlangt es nach mehr und so sucht er das in den Schriften großer Denker oder in philosophischen und religiösen Lehrgebäuden.

Die gezielte Manipulation der einzelnen Sternzeichen

Schützen handeln vorausschauend, allerdings nicht kontinuierlich. Oft verfügen sie über geradezu geniale Eingebungen.

Als Repräsentanten des 9. Hauses sind sie mit allem verbunden, das mit Weltanschauung, Vernunft, Sinnsuche und der Erweiterung des eigenen Hauses zu tun hat.

Die Stärken des Schützen sind zugleich auch seine Schwächen. Er ist ein moralischer Mensch in einer Welt, die sich nur allzu oft unmoralisch verhält. Es ist eine der grundlegenden Fragen der menschlichen Zivilisation, ob die Moral angesichts dessen überhaupt eine Chance hat.

Der Krebs ist für den Schützen das achte Zeichen. Der Schütze hat auf Krisen bestenfalls theoretische Antworten, die häufig nicht für die praktische Anwendung taugen. Um den richtigen Job zu bekommen kann es zum Beispiel notwendig sein, einen Konkurrenten aus dem Weg zu räumen. Ethisches Handeln verbietet das aber. Diese Differenzen bringen den Schützen immer wieder in ein moralisches Dilemma. Der Krebs wird die Angst des Schützen vor diesen Krisen benutzen, um ihn zu manipulieren, beispielsweise wird er Krisenszenarien erfinden, die überhaupt nicht existieren und dem Schützen klarmachen, dass er mit seiner inneren Haltung diese

Probleme nicht lösen wird. Dieser Konflikt wird den Schützen vor eine innere Zerreißprobe stellen, deren Konsequenz heftige Selbstzweifel und Verunsicherung sein können.

Widder und Stier werden es darauf anlegen, die moralische Integrität des Schützen aufzuweichen, umso seinem Ansehen zu schaden oder sein Selbstbild in das Wanken zu bringen. Erfolgsversprechend sind hier Maßnahmen, die den Schützen zu unmoralischem Handeln verleiten, etwa unter dem Einfluss von Alkohol oder in anderen schwachen Momenten. Er wird sich vor Schuldgefühlen selbst zerfleischen und anfällig sein für jede Art von Beeinflussung. Ähnliches kann auch dem Zwilling gelingen, der den Schützen überredet, sich auf Vereinbarungen und Geschäfte einzulassen, die nicht ganz sauber sind.

Auch der Wassermann wird an der sozialen Stellung des Schützen kratzen, indem er dessen Hang zur Besserwisserei durch geschickt geführte Gespräche anderer vor Augen führt.

Die Jungfrau wird den Schützen mit vermeintlicher Konkurrenz herausfordern, während der Steinbock ihm materielle Sorgen einredet.

Skorpione können ausnutzen, dass Schützen aus ihrer Moralität das Recht ableiten, andere Menschen bloß zu stellen oder zu verletzen. Ein solches Verhalten kann den Schützen isolieren. Fische hingegen zielen auf die Kindheitserinnerungen des Schützen ab, eine Lebensphase, in der Menschen moralisches Verhalten fremd ist. Auch hier ist das Ziel, die Überzeugungen des Schützen in das Wanken geraten zu lassen.

Für Schützen ist es nicht leicht, sich vor Manipulationen zu schützen. Das liegt zum einen an dem zuvor beschriebenen Dilemma, zum anderen an den moralischen Prinzipien selbst. Sie lassen sich allzu leicht für alle möglichen Zwecke einspannen und verbiegen oder sogar als Heuchelei entlarven.

Sobald Ihnen also jemand immer wieder versucht, Ihre Prinzipientreue zu testen oder diese als Schwindel hinzustellen, ist Vorsicht angebracht. Diese Person könnte es darauf anlegen, Sie bewusst zu manipulieren.

Halten Sie an Ihrer moralischen Integrität fest, ohne aber zum Besserwisser zu werden. Jeder Mensch muss den Wertekompass für sein eigenes Leben selbst festlegen und es ist wichtig, dass Sie anderen die Freiheit lassen, genau das zu tun.

Die Qualität ethischer Grundsätze zeigt sich erst, wenn es einiger Anstrengung bedarf, sie zu verteidigen und durchzusetzen. Bleiben Sie also nicht nur im Theoretischen ein moralischer Mensch, sondern auch im Alltag und vor allem bei schwierigen Entscheidungen. Es bedeutet keine Aufgabe dieser Prinzipien, wenn Sie sie auf die aktuelle Situation anwenden, so lange Sie sich selbst treu bleiben. Seien Sie achtsam, ob Sie andere Menschen verletzen oder bloßstellen und lassen Sie sich nicht zu selbstgerechtem Verhalten hinreißen.

10. Wie man einen Steinbock manipuliert

Steinböcke repräsentieren im Jahreslauf die dunkelste Zeit. Es ist kalt, nur wenige Stunden Licht erhellen den Tag und die Natur gibt nichts mehr her. Es ist eine Zeit der Entbehrungen und des Wartens. Durchhaltevermögen und Disziplin sind gefragt, um diese Monate zu überstehen und es bis in das Frühjahr zu schaffen. Menschen mit dem Sternzeichen Steinbock sind nüchtern, zielstrebig und ehrgeizig. Fernab von großem Trubel verfolgen sie ihre Ziele und halten unablässig an ihnen fest. Noch im schwierigsten Terrain bewegen sie sich sicher und stürzen selbst da nicht ab, wo andere scheitern. Ihr ganzes Wesen ist dem Aufstreben gewidmet, sie strengen sich an, um Anerkennung und Ehre zu erhalten und lassen sich von ihren Vorhaben nur schwer abbringen. „Jetzt erst recht", könnte ihr Motto sein, mit dem sie oft trotzig gegen scheinbar unüberwindliche Hindernisse ankämpfen. Auf andere wirken sie oft kühl und distanziert. Gelegentlich können sie sogar herablassend und herrschsüchtig wirken.

Das 10. Haus, dem sie vorstehen, symbolisiert beruflichen Erfolg, gesellschaftliches Ansehen und alles, was mit Karriere und Macht zu tun hat.

Einen Steinbock zu beeinflussen kann gelingen, wenn man sich seinen Ehrgeiz, seine Disziplin und seine Zielstrebigkeit zu Nutze macht. Diesen Ansatz verfolgt zum Beispiel der Stier, dessen Ratschläge der Steinbock aufgrund des Verhältnisses ihrer beiden Häuser (der Stier ist für den Steinbock das 5. Zeichen) prinzipiell akzeptiert. So kann der Stier den Steinbock für sich arbeiten lassen und sich dabei entspannt zurücklehnen. Steinböcken ist es wichtig, Sachen zu Ende zu bringen und eine einmal übernommene Verantwortung geben sie aus Pflichtgefühl nicht wieder ab. Steinböcke sehen sich selbst als fleißig und korrekt, heimlich haben sie oft die Annahme, dass niemand Aufgaben so gut, genau und zuverlässig erledigt wie er selbst. Das macht sie anfällig dafür, von anderen benutzt zu werden.

Auch der Skorpion und die Jungfrau können den Steinbock so manipulieren, der Skorpion gibt sich als Freund aus, der den Steinbock ständig um kleine Gefälligkeiten bittet, die Jungfrau hingegen erhebt Fleiß und Disziplin für den Steinbock zum Selbstzweck. Sie wird ihm erklären, dass andere Werte nichts zählen und dass diejenigen, die an andere Werte glauben, dumm oder faul sind.

Eine Manipulation des Steinbocks durch die Fische erfolgt, indem diese jedes Gespräch mit dem Steinbock auf einer emotionalen Ebene behandeln. In diesem Terrain kennt sich der Steinbock nicht aus, er wird immer die Verständigung auf der Sachebene suchen. Vorwürfe, Schuldgefühle und das

Erheben von emotionalen Befindlichkeiten zu Tatsachen irritieren ihn und machen ihn hilflos.

Die Masche der Hilflosigkeit wiederum setzt der Wassermann erfolgreich gegen den Steinbock ein. Er wird vorgeben, dass er sein Leben nicht gut genug organisiert oder nicht in der Lage ist, regelmäßig und produktiv zu arbeiten, so dass der Steinbock immer wieder für ihn in die Bresche springt.

Auch Zwilling und Krebs machen sich die eher unterkühlte Gefühlswelt des Steinbocks zu Nutze. Gefühle sind für Menschen des Sternzeichens Steinbock Luxus, den sie sich nur selten erlauben. Möchte ein Zwilling einen Steinbock manipulieren, so setzt er ihm einem Feuerwerk emotionaler Willkür und wechselnden Launen aus. In Verbindung mit Unzuverlässigkeit und widersprüchlichen Aussagen, wird das den Steinbock verunsichern.

Der Krebs appelliert immer wieder direkt an die unterdrückten Gefühle des Steinbocks, so dass Verdrängtes an die Oberfläche kommt und den Steinbock aus dem Takt bringt.

Der Widder kann dem Steinbock Schuldgefühle in Bezug auf seine Familie einreden. Dem Steinbock fällt es nicht nur schwer Gefühle zuzulassen, er kann sie auch nicht gut zeigen. Deshalb wissen selbst engste Freunde oft nicht, woran sie bei ihm sind oder was er für sie empfindet.

Der Schütze tritt gegenüber dem Steinbock als eine Art spiritueller Führer auf, der ihm Oasen der Entspannung und Gelöstheit schafft, in denen sich der Steinbock fallen lässt und dem Schützen seine wohl gehüteten Geheimnisse anvertraut.

Die größte manipulative Macht über den Steinbock hat der Löwe als dessen achtes Zeichen. Dem Löwen kann es gelingen, den Steinbock zu erobern, indem er ihn mit wildem Begehren regelrecht überrollt. Der Steinbock fühlt sich zu dem leichtlebigen Löwen, der stets auf der Sonnenseite des Lebens wandelt, hingezogen und empfindet zugleich ein Gefühl der Unzulänglichkeit, weil ihm dessen Leichtfertigkeit und Popularität abgeht. Das kann sich der Löwe zu Nutze machen. Ein anderer Steinbock kann einen Steinbock in eine unablässige Konkurrenzsituation zwingen.

Als Steinbock müssen Sie sich davor hüten, dass andere Ihre Stärken als Mittel der Manipulation ausnutzen. Fleiß und Strebsamkeit sind wichtig, doch sie haben nur Bedeutung, wenn sie Teil eines erfüllten und ganzheitlichen Lebens sind. Achten Sie darauf, dass Sie die Balance halten und sich nicht von anderen dazu einspannen lassen, Aufgaben und Arbeiten zu übernehmen, die nicht Ihre Sache sind.

Vorsicht ist auch angeraten, wenn jemand ständig versucht, Zugang zu Ihrer Gefühlswelt zu bekommen und Sie mit Gefühlsäußerungen überschüttet.

Für Sie ist es wichtig, die Kontrolle über Ihre Gefühle zu behalten – lassen Sie sich diese Kontrolle nicht nehmen! Versuchen Sie außerdem, die eigenen Gefühle nicht immer zu verdrängen. So eignen sie sich weniger für die Manipulationsabsichten anderer.

11. Wie man einen Wassermann manipuliert

Wassermänner sind die Rebellen unter den Sternzeichen. Ständig laufen sie Sturm gegen Normen und Autoritäten, wollen die Welt verändern und verbessern. Ihre Heimat ist die geistige Auseinandersetzung mit Problemen und Idealen. Im Jahreslauf stehen sie für eine Zeit, in der der Winter zwar noch herrscht, die Tage aber bereits wieder länger werden und so der Kreislauf des Lebens weg vom Tod hin zum Leben geht. Aufbruch, Neuanfang und Veränderung sind deshalb Themen, die das Leben von Menschen mit dem Sternzeichen Wassermann beherrschen. Für einen Wassermann sind Freiraum und Unabhängigkeit sehr wichtig, um sich entfalten zu können. Gleichzeitig legen sie Wert auf einen großen Freundeskreis, ohne aber allzu intensive Beziehungen zu einzelnen Menschen aufzubauen. Sie werden nie nur einen besten Freund haben, sondern stets eine ganze Clique oder mehrere davon. Wassermänner haben ein großes Interesse am Leben und an den Menschen, alles wollen sie kennen lernen und verstehen und verurteilen dabei nichts. Ihnen haftet eine Leichtigkeit an, die sie beliebt macht, ohne dass sie sich dafür anstrengen müssen. Sie suchen auch in der Spiritualität nach Antworten, bleiben aber auch dort wie in vielen Bereichen ihres Lebens ewig Suchende. Auf der negativen Seite können Wassermänner exzentrisch und kalt und in ihren Ansichten regelrecht radikal sein.

Einen Wassermann zu manipulieren, kann auf verschiedene Wege gelingen. Ein Weg ist die Isolation von seinen Freunden und seinen Netzwerken. Diesen Ansatz verfolgt der Widder, der als dessen drittes Zeichen Gerüchte über die Freunde des Wassermanns und ihn selbst verbreitet und so Freundschaften zerstört. Der Löwe stellt den Wassermann durch laute Selbstdarstellung in den Schatten und läuft ihm bei seinen Freunden den Rang ab. Eine weitere Möglichkeit für den Löwen ist, den Wassermann in laute Streitgespräche zu zwingen, die von anderen mitgehört werden. Der Wassermann verabscheut solche Situationen.

Der Wassermann hasst es, eingeengt zu werden oder Kompromisse zu machen. An dieser Stelle ist er anfällig für Manipulationen durch Menschen mit dem Sternzeichen Krebs, die ihn emotional erpressen und so zu vielen Zugeständnissen zwingen. Wassermänner sind nicht streitbar. Sie haben keine harte Schale und tragen das Herz oft auf der Zunge. Menschen mit dem Sternzeichen Stier können ihm einreden, dass er sich egoistisch verhalte und nicht genug um seine Familie kümmert, traditionelle und konservative Ansichten nicht respektiert. Die Waage heuchelt Interesse an den vielen Ideen und Projekten des Wassermanns und erschleicht sich so sein Vertrauen. Fische appellieren an das Mitgefühl und die Menschenliebe des Wassermanns und geben vor, seine Hilfe zu brauchen. Diese

Manipulation wird nicht lange glücken, dazu ist der Freiheitsdrang des Wassermanns zu groß, aber eine Zeitlang wird sie Erfolg haben.

Der Steinbock wird dem Wassermann Minderwertigkeitsgefühle einreden, wenn er ihm vorhält, dass er zwar viele gute Ideen hat, aber nicht die Stärke, diese auch erfolgreich umzusetzen.

Den größten manipulativen Einfluss auf den Wassermann hat die Jungfrau. Ordnung, Kontinuität und Verlässlichkeit gehören nicht zu den Stärken des Wassermanns. Die Jungfrau kann für ihn viele wichtige Aspekte des Alltags organisieren und sich so zunächst unentbehrlich machen, schließlich aber die komplette Kontrolle über das Leben des Wassermanns übernehmen. Dazu bedarf es nur einer gefühlten oder wirklichen Krise im Leben des Wassermanns und die Tür steht ihr weit offen.

Der Schütze wird dem Wassermann mit Geld aushelfen, wenn dieser wieder einmal in der Klemme steckt, dafür aber zahlreiche Dankesbekundungen und Gefälligkeiten erwarten.

Ein anderer Wassermann kann einen Wassermann manipulieren, indem er dessen Umgebung mit abwertenden Bemerkungen vergiftet.

Der Zwilling hingegen klaut dem Wassermann seine zahlreichen Ideen und gibt sie als seine eigenen aus.

Wer einen Wassermann manipulieren will, dem kann das

leicht gelingen, wenn er sich dem Wassermann als Gleichgesinnten zu erkennen gibt. Eine gute Möglichkeit sind gemeinsame Interessen und Hobbies oder die Arbeit an einem Projekt. Der Wassermann geht schnell auf andere zu und hat die Fähigkeit, Menschen zusammen zu bringen. Er ist auch gerne bereit, aus einem Verständnis von Menschenliebe und Interesse heraus, anderen umsonst bei etwas zu helfen, auch wenn diese Hilfe nicht von Dauer ist und Zuverlässigkeit nicht zu seinen Stärken gehört.

Der Freiheitsdrang des Wassermanns macht es allerdings schwer, ihn dauerhaft zu manipulieren. Sein großer Freundeskreis verhindert, dass eine Person zu viel Einfluss auf ihn gewinnen kann, so dass Isolation ein wichtiger Schritt in der Manipulation ist.

Wenn Sie selbst von Sternzeichen Wassermann sind, dann seien Sie auf der Hut, wenn jemand immer wieder versucht, Sie von Ihren Freunden zu trennen, sei es durch Gerüchte oder durch vorgetäuschte Bedürftigkeit. Lassen Sie sich nicht auf emotionale Erpressungen ein und bewahren Sie sich unter allen Umständen Ihre Freiheit.

Es ist wichtig, dass Sie Verantwortung für Ihr Leben übernehmen und diese nicht an andere abgeben, denn das ist ein großes Einfallstor für Manipulationen. Ganz gleich wie unangenehm Ihnen diese alltäglichen Aufgaben sind, überlassen Sie sie auf keinen Fall anderen, denn diese verfolgen mit damit eine Absicht. Das gilt insbesondere in

Krisensituationen, ob diese nun ein gebrochenes Bein oder ein Jobverlust sind.

12. Wie man Fische manipuliert

Fische sind das letzte Sternzeichen im Jahreslauf. Sie stehen für die Zeit ab Ende Februar, in der es noch immer kalt ist, doch der Frühling bereits spürbar ist. Alles ist noch im Werden, liegt verborgen, die Knospen und Blätter warten unter der Erde. Nichts ist gewiss, alles scheint wie in Schlaf zu liegen und von Möglichkeiten zu träumen, ohne sich festlegen zu müssen. Das beschreibt auch die Natur der Fische. Sie sind träumerische, verschlossene Menschen, die mit ihren Gedanken viel mehr in Traumwelten verhaftet sind als in der Realität. Sie legen sich nicht gerne fest, bleiben im Ungefähren und sind von Gefühlen als von rationalen Überlegungen gesteuert. In ihrem Inneren ist eine große Sehnsucht nach Liebe, Seligkeit und Erfüllung, die sie anfällig macht für missbräuchliche Beziehungen und verschiedene Süchte. Sie schwimmen nicht gerne gegen den Strom, reagieren schnell gekränkt und verletzt, sind dafür selbst aber gutmütig und wohlwollend.

Die Fische leben von der Inspiration und häufig inspirieren sie auch andere zu Kunstwerken. Spiritualität und Kunst spielen für sie eine wichtige Rolle.

Das 12. Haus, das sie repräsentieren, steht für Transzendenz, kosmisches Bewusstsein, Spiritualität und Träume.

Fische suchen nach einer inneren Wahrheit und sind dabei voller Mitgefühl für andere Geschöpfe. Beides macht sie anfällig für Manipulationen.

Die größte manipulative Wirkung hat die Waage als achtes Zeichen auf Menschen mit dem Sternzeichen Fische. Fische können mit Krisen und Rückschlägen nicht gut umgehen, es fehlt ihnen an Energie, Entschlossenheit und Entscheidungsmut, um solche Herausforderungen zu meistern. Stattdessen ziehen sie sich zurück, geben sich Träumereien oder Substanzen hin und vergessen die Realität. Eine Waage kann sich diesen Zustand zu Nutze machen, in dem sie auf die Fische einwirkt und diese falschen Entscheidungen treffen lässt. Dabei kann es zum einen darum gehen, die Fische-Person in eine emotionale Abhängigkeit zu treiben oder aber sie im Generellen zu manipulieren. Fische verlieren leicht den inneren Kompass und sind dann hilflos. Die Waage kann ihnen vorgaukeln, dass sie die Führung übernimmt und sie dabei in das Unglück stürzen.

Der Widder wird das mangelnde Geschick der Fische im Umgang mit Geld ausnutzen und diese mit teuren Geschenken oder Darlehen kaufen, während der Zwilling ihnen einredet, dass sie sich auf ihr vielgerühmtes Bauchgefühl nicht verlassen können.

Die gezielte Manipulation der einzelnen Sternzeichen

Fische entscheiden, ähnlich wie der Krebs, aus dem Bauch heraus, dabei tun sie sich schwer, überhaupt klare Entscheidungen zu treffen, verhalten sich zögerlich und legen sich nicht fest. Meistens halten sie sich an irgendeiner Stelle eine Tür offen. Hier setzt der Skorpion an, der dieses Verhalten als feige und heuchlerisch deklarieren wird und die Fische so vor anderen in Verruf bringt.

Der Löwe zwingt die Fische zu vielen Zugeständnissen an die Realität, die die Fische unglücklich machen. Sie brauchen ihre Traumwelt, um sich vollständig und richtig zu fühlen.

Die Jungfrau benutzt einen ähnlichen Hebel, wenn sie den Fischen diese Traumwelt ausredet und ihn in zahlreiche Verpflichtungen zwingt. „Nein"-Sagen ist keine Stärke, über die die Fische verfügen und das macht es leicht, sie zu etwas zu bringen, das sie eigentlich gar nicht wollen.

Der Krebs hingegen wird die Realitätsflucht der Fische noch verstärken, so dass diese in ernste Schwierigkeiten geraten können. Er wird sie zum Konsum von Alkohol und Rauschmitteln verführen und sie davon abhalten, ihre Verpflichtungen zu erfüllen.

Auch der Steinbock kann den Hang zu Träumereien für sich benutzen, in dem er die Realität in den dunkelsten Farben zeichnet und den Fischen das Gefühl vermittelt, dass sie für diese Welt zu schwach und labil sind.

Der Wassermann hingegen wird das, was den Fischen wichtig ist, durch bissige und spöttische Kommentare entweihen, während der Schütze den Fischen ständig damit drohen wird, sie zu verlassen und sie so erpresst. Er bietet sich als Beschützer an und erfüllt so gleich zwei Sehnsüchte der Fische: die nach einem Beschützer und die nach Liebe.

Das wankelmütige Wesen der Fische macht es relativ einfach, sie zu beeinflussen. Es gehört zu ihrer Natur, nicht wirklich greifbar zu sein. Das heißt aber auch, dass eine Manipulation nicht unbedingt eine starke und dauerhafte Wirkung hat. Fische sind sehr gefühlsbetonte Menschen, die sich nur schwer von anderen abgrenzen können. Sie empfinden das Leid anderer wie das eigene. Dieses große Mitgefühl ist weitere Möglichkeit, mittels derer eine Beeinflussung geschehen kann.

Als Fische-Mensch ist es wichtig, den Kontakt zur Realität nicht zu verlieren und sich zum Ausgleich Menschen zu suchen, die eine gute Bodenhaftung haben und die vertrauenswürdig sind. Vorsicht ist immer dann geraten, wenn jemand versucht, Sie darin zu bestärken, durch Drogen, Alkohol oder anderes suchthaftes Verhalten der

Realität zu entfliehen. Träume und Inspiration sind wichtig, doch sie sind nur ein Aspekt des Lebens – auch die anderen wollen gelebt werden. Das große Bedürfnis, geliebt zu werden, macht es anderen leicht, Sie zu manipulieren, ebenso wie der Wunsch, beschützt zu werden. Liebe sollte nie mit Bedingungen verbunden sein. Die Suche nach einem Beschützer ist hingegen eine kindliche Flucht vor der Realität und verhindert, dass Sie ein glückliches und erwachsenes Leben führen.

Schlusswort

Die zwölf beschriebenen Beziehungen und ihr Manipulationspotenzial sind nicht zufällig in der angeführten Reihenfolge zusammengestellt worden, denn diese zwölf Begegnungsformen der Sternzeichen untereinander symbolisieren gleichzeitig auch die zwölf zentralen Zeitabschnitte Ihres Lebens, in denen Sie auf unterschiedlichen Weisen manipuliert werden. Diese Phasen entsprechen nicht nur dem chronologischen Ablauf von früher Kindheit, Jugendalter, Adoleszenz, mittlerem Alter und Lebensherbst, sondern wir erleben sie immer wieder, wenn das Leben uns dazu zwingt, etwas an uns zu verändern und uns neu zu erfinden. Wie groß die manipulative Wirkung auf Sie ist, ist also nicht nur eine Frage der Sternzeichenkombination, sondern hängt auch davon ab, in welcher Lebenssituation Sie selbst sich gerade befinden.

In den ersten Jahren Ihres Lebens durchlaufen Sie die Phase der Selbsterkenntnis. So wie ein kleines Kind noch kein Gefühl für seine eigene Identität hat, so ist diese Phase davon geprägt, auf der Suche nach sich selbst zu sein und dabei allerlei Illusionen aufzusitzen. Hier findet die Manipulation nicht durch andere, sondern durch uns selbst statt. Bevor es zum Handeln kommt, muss erst einmal geklärt werden, wer man ist und wer man sein will. Solche Fragen stellt man sich etwa nach einer Trennung, einer schweren Krankheit oder einer beruflichen Neuorientierung.

Schlusswort

In der zweiten Phase wird aus der Selbsterkenntnis Handeln, allerdings ein rein materielles, auf die bloße Sicherung der Existenz abzielendes Handeln. „Was ist jetzt nötig, um meinen Lebensunterhalt und den meiner Familie zu sichern?" ist eine typische Frage dieser Phase. Hier wird nicht lange nachgedacht, hier wird einfach getan, was nötig ist. Zugleich ist diese Phase auch durch Selbstständigkeit geprägt – man ist nicht mehr abhängig von der Hilfe und Fürsorge anderer. Symbolhaft ist es das Kind, das nicht länger abhängig von der Mutter ist, sondern viele Dinge selbst erledigen kann.

In der dritten Phase sind die drängenden Existenzfragen geklärt, es gibt Raum für neue Ideen und vor allem den Austausch mit anderen. Neue, interessante Menschen treten in Ihr Leben, bringen neue Impulse und Weltanschauungen und bereichern Ihr Leben. Der Kontakt zu anderen und die Möglichkeit, sich selbst auszudrücken, werden als notwendig und bereichernd empfunden. Wir können uns hier einen interessierten Schüler oder Studenten vorstellen. Die Gefahr, in einer solchen Phase manipuliert zu werden, ist sehr groß.

In der vierten Phase stellt sich eine gewisse Ernüchterung ein. Erfahrungen haben gezeigt, dass nicht alle Begegnungen positiv sind, sondern dass andere Menschen bereit sind, uns zu verletzen und zu manipulieren. Wir besinnen uns zurück auf das Alte, das Vertraute, unsere Herkunft, Freunde und vermissen diese. Dafür sind wir sogar bereit, das zu idealisieren, von dem wir uns in der ersten Phase noch abgewendet haben. Es ist eine Zeit der Zugeständnisse, wie wir sie typischerweise ab Mitte 20 erleben. Der Rückzug verhindert oft, dass man Manipulationen ausgesetzt ist.

Der fünfte Abschnitt umschreibt jene Phase im Leben, wenn die Kinder langsam älter werden und man auf einmal wieder Zeit hat für Ideen und Projekte. Es ist eine Phase der Kreativität und des Aufbruchs, die von den bereits gemachten Erfahrungen zehrt. Der Enthusiasmus der dritten Phase ist verschwunden, ebenso wie die Enttäuschung, die noch in der vierten Phase spürbar war, stattdessen ist daraus die Erkenntnis gewachsen, das Leben mit all seinen Seiten anzunehmen und zu genießen. In dieser Phase steigt die Gefahr von Manipulationen wieder, denn Kreativität braucht Inspiration und den Austausch mit anderen.

Auf die fünfte Phase folgt die sechste und hier lässt die kreative Kraft nach, es findet eine Rückkehr zu den Fragen des Alltags statt. Man ist es leid, in Kunst und neuen Projekten nach Bestätigung zu suchen, auch die vielen Kontakte erschöpfen. Stattdessen wird nun nach Gemütlichkeit gesucht. Es kann zugleich auch eine Phase sein, in der einem all die kleinen Probleme des Alltags wie eine nicht gemachte Steuererklärung oder eine vergessene

Rechnung regelrecht um die Ohren fliegen und alle Kreativität vernichten.

In der siebten Phase wenden wir uns wieder dem Außen zu. Häufig geht es dabei um Partnersuche, die viele Menschen mittleren Alters noch einmal angehen, um glücklich zu werden. Das Spiel von Anziehung und Begierde bietet vielfältige Manipulationsmöglichkeiten, so dass in dieser Phase höchste Achtsamkeit geraten ist. Genau das ist aber schwierig, denn wer lieben will und selbst geliebt wird, der will vertrauen und nicht auf mögliche Manipulationen achten.

Zwangsläufig folgt auf diese Phase der achte Abschnitt. Er repräsentiert Trennung, Krise, Krankheit und Verlust. Gleichzeitig symbolisiert er die Möglichkeit der Transformation, der Wiedergeburt und der Kraft, aus Trümmern wieder neu aufzuerstehen. Es ist die Zeit, in der die Manipulationsgefahr am allergrößten ist. Weil alles aus den Fugen gerät, ist es nun leicht, Sie zu beeinflussen.

Die neunte Phase reflektiert das zuvor Erlebte. Es geht um zentrale weltanschauliche Fragen wie „Warum bin ich hier?", „Gibt es einen Gott?" oder „Warum geschieht gerade mir das?" Auch in dieser Phase ist Manipulation möglich, da man auf allerlei Scharlatane und Gurus hereinfallen kann. Ergänzend durchschaut man in dieser Phase allerdings auch viele vorangegangene Manipulationen und kann sie analysieren.

Im zehnten Lebensabschnitt gewinnen die existenziellen Fragen wieder Bedeutung. Nun wird betrachtet, was man im Leben erreicht hat und welche soziale Stellung man innehat. Es ist eine nüchterne Auseinandersetzung mit der Realität, die im Leben oft den letzten Abschnitt markiert. Hier sind Manipulationen eher schwierig.

Es ist allerdings möglich, noch zwei weitere Lebensabschnitte zu erleben. Da ist zum einen der elfte Abschnitt, der von Freiheit und Freundschaft geprägt ist. Alle Kämpfe sind gefochten, es gibt nichts mehr zu gewinnen oder zu verlieren und jeder Tag wird genossen. In der letzten Phase geht es um Träume, Halluzinationen, die Abwendung von dieser Welt und der Übergang in die nächste. Dieser Prozess ist meistens einer, der für sich und im Stillen stattfindet, trotzdem finden auch hier Manipulationen sehr oft statt.

Sicherlich haben Sie sich an vielen Stellen in diesem Buch wiedererkannt und teilen nun meine Verblüffung darüber, wie leicht man uns anhand unserer Sternzeichen manipulieren kann. Sich dieser Möglichkeit bewusst zu werden, ist der erste und wichtigste Schritt, um diese Manipulationen zu konfrontieren. Prüfen Sie Ihr Umfeld sorgfältig, ob jemand darunter ist, dessen Verhalten mit den beschriebenen Manipulationen übereinstimmt und stellen Sie sicher, dass diese Person keinen Einfluss mehr auf Ihr Leben nehmen kann.